Walther Ziegler

Descartes

in 60 Minuten

Dank an Rudolf Aichner für seine unermüdliche und kritische Redigierung,
Silke Ruthenberg für die feine Grafik, Angela Schumitz, Lydia Pointvogl, Eva Amberger,
Christiane Hüttner, Walburga Allgeier, Dr. Martin Engler für das Lektorat
und Dank an Prof. Guntram Knapp, der mich für die Philosophie begeistert hat.

[…] es kommt nicht bloß auf den gesunden Verstand, sondern wesentlich auch auf dessen gute Anwendung an.[1]

Bibliografische Information der Deutschen Nationalbibliothek:
Die Deutsche Nationalbibliothek verzeichnet diese Publikation in der Deutschen
Nationalbibliografie; detaillierte bibliografische Daten sind im Internet über www.dnb.de
abrufbar.

© 2022 Dr. Walther Ziegler
Umschlaggestaltung und Grafik des gesamten Buches: Silke Ruthenberg
unter Verwendung von Illustrationen von:
Raphael Bräsecke, Creactive – Atelier für Werbung, Comic & Illustration (Zeichnungen)
© JackF - Fotolia.com (Bilderrahmen)
© Valerie Potapova - Fotolia.com (Bilderrahmen)
© Svetlana Gryankina - Fotolia.com (Sprechblasen)
Herstellung und Verlag:
BoD – Books on Demand, Norderstedt

ISBN 978-3-7557-1602-0

Inhalt

Die große Entdeckung von Descartes

Der französische Denker René Descartes (1596-1650) ist einer der bekanntesten Philosophen der Welt. Seinen kleinen und weltberühmten Satz ‚Ich denke, also bin ich‘ lernt bis heute jeder junge Franzose verpflichtend im Schulunterricht. Darüber hinaus ist er zum Kulturgut der gesamten Menschheit geworden. Descartes gilt als Begründer des Rationalismus und als Vater der gesamten modernen Philosophie. Diesen Ehrentitel ‚Vater der modernen Philosophie‘ verdient er durchaus, denn zu seiner Zeit wagt er etwas Revolutionäres. Er ist in der Tat der Kolumbus der Philosophie. So wie der große Seefahrer einen bis dahin unbekannten Kontinent, die sogenannte ‚Neue Welt‘ entdeckt, gelingt es Descartes, eine neue Dimension des Wissens zu erschließen und unseren gesamten Blick auf die Welt zu verändern. Vor Descartes glauben die Menschen im christlichen Abendland über tausend Jahre lang an die Worte der Propheten, insbesondere an Jesus Christus und die Bibel als schriftliches Zeugnis göttlicher Offenbarung. Alles Wissen über den Kosmos, die innere und äußere Natur entspringt letztendlich dem Glauben.

Dann kommt Descartes mit einer radikalen Forderung. Das Wissen dürfe nicht länger Offenbarungswissen von Propheten und Heiligen sein, sondern müsse auf einer sicheren und unbestreitbaren Erkenntnis beruhen. Denn die Theologen des Mittelalters hätten, so Descartes, viel zu viele widersprüchliche Meinungen von dem, was wahr oder falsch sei. Obwohl Descartes in einer Jesuitenschule katholisch erzogen wird, beginnt er bereits als junger Mensch am Erlernten zu zweifeln. Rückblickend schreibt er:

Schon vor einer Reihe von Jahren habe ich bemerkt, wieviel Falsches ich in meiner Jugend habe gelten lassen [...].[2]

Falsches und Widersprüchliches findet Descartes aber nicht nur bei den Theologen, sondern auch in der Philosophie:

Von der Philosophie kann ich nur sagen, dass, obgleich sie seit vielen Jahrhunderten von den ausgezeichnetsten Geistern gepflegt worden, [...] kein Satz darin unbestritten und folglich unzweifelhaft ist.[3]

Es gibt also in der ganzen Philosophie keine einzige Aussage, die, so Descartes, von der Antike bis heute Bestand hatte. Es fehlt uns an einem sicheren und unbestreitbaren Wissen. Und genau dieser Herausforderung will er sich nun stellen. Er unternimmt den unbescheidenen Versuch, ein für alle Mal ein sicheres Wissen, einen Ausgangspunkt wahrer Erkenntnis zu schaffen, den niemand mehr bestreiten kann. Er sucht, wie er selbst sagt, nach dem vielzitierten ‚archimedischen Punkt', von dem aus wir alle anderen Dinge der Welt und des Universums verstehen, beurteilen und beherrschen können:

Nichts als einen festen und unbeweglichen Punkt verlangte Archimedes, um die ganze Erde von ihrer Stelle zu bewegen, und so darf auch ich Großes hoffen, wenn ich auch nur das geringste finde, das sicher und unerschütterlich ist.[4]

Und so macht sich Descartes auf die Suche nach dem, was sicher und unerschütterlich ist. Dies sei ohnehin die vornehmste und wichtigste Aufgabe der gesamten Philosophie. Wenn nämlich erst einmal der feste und wahre Boden des Wissens gefunden sei, könnte alles Weitere daraus erwachsen:

So ist [...] die gesamte Philosophie wie ein Baum, dessen Wurzeln die Metaphysik sind, dessen Stamm die Physik ist, und dessen aus diesem Stamm herauswachsende Äste alle anderen Wissenschaften sind [...].[5]

Wie viele große Philosophen seiner Zeit war Descartes ein Universalgelehrter, also zugleich Mathematiker und Naturwissenschaftler. Von Descartes stammt auch das entsprechend nach ihm benannte kartesische Koordinatensystem mit der horizontalen x- und der vertikalen y-Achse, welches wir alle aus der Schule kennen. Aber sowohl die Geometrie als auch die Arithmetik, die Physik und alle anderen Einzelwissenschaften, so Descartes, bedürfen zuallererst eines sicheren Wissensgrundes. Er stellt deshalb die fundamentale Frage: Wie kommt man zu sicherer Erkenntnis? Auf was kann ich mich wirklich verlassen? Auf das, was ich sehe, höre und fühle? Auf mein Denken und die Logik? Oder vielleicht auf das, was ich von Kindesbeinen an gelernt habe? Seine radikale Antwort lautet: Auf gar nichts! Ich muss zunächst einmal alles in Frage stellen:

[...] ich habe bemerkt [...], daß ich daher einmal im Leben alles von Grund aus umstoßen und von den ersten Grundlagen an neu beginnen

müsse, wenn ich jemals für etwas Unerschütterliches und Bleibendes in den Wissenschaften festen Halt schaffen wollte.[6]

Und dann macht Descartes etwas Ungewöhnliches. Um alles umzustoßen, was er an Falschem oder Fehlerhaftem in seiner Jugend gelernt hat und noch einmal ganz von vorne zu beginnen, zieht er sich für eine Woche an einen abgelegenen Ort zurück und beginnt zu meditieren. Sein Hauptwerk, das ihn berühmt machen sollte, heißt deshalb auch *Meditationen über die Grundlagen der Philosophie*. In diesem 1641 erschienenen Buch zeichnet Descartes wie in einer Art Tagebuch Schritt für Schritt seine Überlegungen bei der Wahrheitssuche auf. Es sind insgesamt sechs aufeinanderfolgende Meditationen auf dem Weg zur Gewinnung einer absolut sicheren Erkenntnis. Das Wort „Meditation" verbinden wir heutzutage meist mit der fernöstlich geprägten Konzentrationstechnik zur Steuerung der Aufmerksamkeit mit dem Ziel einer inneren Befreiung von der Eingebundenheit in die Alltagswelt. So ist etwa Buddha in der freien Natur unter einem Feigenbaum meditierend zu seiner Erfahrung des Nirvana gekommen. Bei Descartes bedeutet Meditation im lateinischen Sinne des Wortes ‚meditatio‘ zunächst einmal nur „Mitte finden, Nachdenken, Nachsinnen“. Die Mitte, die Descartes finden will, ist nicht der Sinn des Lebens, sondern die unhintergehbare und tiefste Erkenntnis, auf der alles weitere Wissen aufbaut:

Und ich will so lange weiter vordringen, bis ich irgend etwas Gewisses [...] erkenne [...].[7]

Anders als Buddha meditiert Descartes nicht im Schneidersitz in der freien Natur, sondern auf dem Ohrenbackensessel vor dem Kamin. Doch ähnlich wie Buddha beginnt er seine Meditation damit, dass er sich an seinem Rückzugsort erst einmal von allen Anhaftungen und Vorurteilen befreit, die er von der Welt mitgebracht hat. Dieses Sichverabschieden und Distanzieren von allen erlernten und vormals für wahr gehaltenen Überzeugungen stürzt ihn allerdings in eine tiefe Verunsicherung:

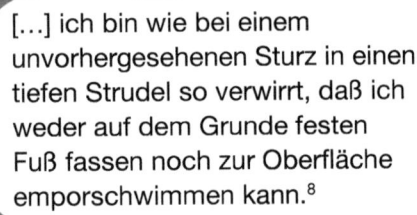

[...] ich bin wie bei einem unvorhergesehenen Sturz in einen tiefen Strudel so verwirrt, daß ich weder auf dem Grunde festen Fuß fassen noch zur Oberfläche emporschwimmen kann.[8]

Die emotionale Wortwahl dieser Passage zeigt bereits, dass sich Descartes eines völlig neuen Stils bedient. Er beschreibt seinen Kerngedanken und den Weg, wie er zu ihm gekommen ist, nicht mehr in der intellektuellen Sprache der Philosophen, sondern im literarischen Stil eines autobiographischen Romans oder Tagebuchs. Das ist ebenso neuartig wie die Veröffentlichung seines Werkes 1647 in französischer Sprache, denn zu seiner Zeit werden philosophische Werke ausschließlich auf Latein verfasst. Die Zielgruppe solcher Bücher waren ja bislang nur die lateinisch sprechenden Bildungseliten. Doch Descartes will mehr:

Wenn ich französisch [...] schreibe, so geschieht es in der Hoffnung, dass Leser mit gesundem und unverdorbenem Sinn besser über meine Ansichten urteilen

werden als Leute, die nur auf die alten Bücher schwören.[9]

Er hat Erfolg. Seine *Meditationen über die Grundlagen der Philosophie* machen ihn bereits zu Lebzeiten berühmt und werden zu einem epochemachenden Werk, das uns bis heute beschäftigt. Er entführt uns in die Welt seiner Suche nach Wahrheit und zieht uns mitten hinein in einen Strudel des Nachdenkens über das, was in unserem Alltag vielleicht nur Täuschung und Einbildung ist. Um zu einer letzten Gewissheit vorzudringen, brauchen wir, so Descartes, eine ganz neue und radikale Methode – die Methode des Zweifelns:

Von [...] Vorurteilen können wir uns [...] nicht anders befreien, als indem wir es uns auferlegen, [...] an allem zu zweifeln, worin wir auch nur den geringsten Verdacht der Ungewissheit antreffen [...].[10]

Und so bezweifelt Descartes selbst das, was wir mit eigenen Augen sehen. Denn es könnte eine Fata Morgana oder ein Trugbild sein. Aber auch wenn wir uns sicher sind, etwas fehlerfrei und korrekt erkannt zu haben, könnte es irreal sein. Denn wer sagt uns denn, dass wir nicht gerade träumen? Was, so fragt Descartes, ist absolut unbezweifelbar? Die Antwort, die er schließlich findet, ist sein berühmter philosophischer Satz:

Ich denke, also bin ich [...].[11]

Ich kann nämlich, so Descartes, ausnahmslos alles um mich herum bezweifeln bis auf die Tatsache, dass ich in dem Augenblick, in dem ich zweifle, lebendig bin. Wenn ich nämlich zweifle, dann bedeutet das, dass ich existiere und zwar ganz unabhängig davon, ob ich mich gerade täusche, ob ich träume oder wach bin. Und weil zweifeln nichts anderes ist als eine Form des Denkens, kommt Descartes zu seinem berühmten gewordenen Ergebnis:

[...] und ich fand, dass die Wahrheit: ‚Ich denke, also bin ich‘, so fest und so gesichert sei, dass die übertriebensten Annahmen der Skeptiker sie nicht erschüttern können.[12]

Diese letzte – oder man müsste eigentlich sagen – erste Gewissheit wird nun zum Ausgangspunkt seiner Philosophie. Denn Descartes stellt fest, dass das „Denken" zugleich die Bestimmung des Menschen ist:

> Das Denken ist's, es allein kann von mir nicht getrennt werden. [...] Ich bin also genau nur ein denkendes Wesen, d.h. Geist, Seele, Verstand, Vernunft [...].[13]

Und weil dies so ist, darf der Mensch nur klare und logische Erkenntnisse akzeptieren. Das gilt für alle Beobachtungen, Theorien und letztlich sogar für Gott. Auch an der Existenz Gottes müsse man, so Descartes, zunächst einmal zweifeln. In einem zweiten Schritt könne man die Möglichkeit seiner Existenz dann rational prüfen und gegebenenfalls nachweisen. Damit macht er aber etwas Hochgefährliches. Er setzt das Wissen an die Stelle des Glaubens. Ihm ist klar, dass dies zu seiner Zeit ein sehr riskantes Unterfangen ist. Als er 1633 gerade an einem Buch über naturwissenschaftliche Erkenntnisse schreibt, erfährt er, dass sein Zeitgenosse Galilei in Rom wegen Ketzerei angeklagt und verurteilt wird. Galilei muss seine Theorie, wonach sich die Erde um die eigene Achse dreht, widerrufen, um der Todesstrafe zu entkommen. Nach dem Widerruf wird er zwar nicht mehr als Ketzer auf dem Scheiterhaufen verbrannt, aber dennoch zu lebenslanger Kerkerhaft verurteilt. Auch Descartes fürchtet wegen Ketzerei verfolgt zu werden. In dieser Situation hält er seine Schrift zurück, zerstört sicherheitshalber einige Kapitel und publiziert anonym eine verkürzte Abhandlung.[14] Um gefahrlos unter eigenem Namen veröffentlichen zu können, tritt er schließlich im Alter von 45 Jahren die Flucht nach vorne an. Er bezieht in sein neues Buch einen ausführlichen „Gottesbeweis" ein, um öffentlich seinen Glauben zu bekunden. Zudem widmet er seine *Meditationen über die Grundlagen der Philosophie* gleich im Vorwort den

[…] sehr weisen und erlauchten Herren […] der heiligen theologischen Fakultät zu Paris.[15]

Indem er also seinen Text den Universitäts-Theologen widmet und diesen freiwillig zur Begutachtung vorlegt, hofft er, den Vorwurf der Ketzerei gar nicht erst aufkommen zu lassen und als Philosoph weiterhin geduldet zu werden. Gleich auf der ersten Seite des Werkes versichert Descartes, dass er fest an die Offenbarung Gottes glaube. Auch sein rationaler Gottesbeweis, wonach es Gott rein logisch betrachtet geben müsse, sei, so versichert er, aufgrund seines eigenen festen Glaubens eigentlich gar nicht notwendig. Den rationalen Gottesbeweis benötige man lediglich als ein Bekehrungsargument für Ungläubige:

[...] mag es auch für uns Gläubige genügen, im Glauben überzeugt zu sein, daß die menschliche Seele nicht mit dem Körper

untergeht und dass es einen Gott gibt, so kann man doch Ungläubige von keiner Religion [...] überzeugen [...], wenn man ihnen nicht zuvor jene beiden Sätze mit [...] Gründen beweist.[16]

Sein Gottesbeweis ist auch aus heutiger Sicht ein durchaus spannendes Unternehmen. Descartes vereint die stärksten vorausgegangenen Gottesbeweise und Argumentationen von Aristoteles und dem frühmittelalterlichen Kirchenlehrer Anselm von Canterbury, um die Existenz Gottes als denknotwendig zu beweisen. Doch am Ende scheitert Descartes gleich zweifach. Zum einen gelingt es ihm nicht, die Existenz Gottes logisch fehlerfrei zu begründen, zum anderen kann er die Theologen nicht davon überzeugen, dass seine Philosophie wirklich gottesfürchtig ist. Er hätte – nach Auffassung der Theologen – die Existenz Gottes gar nicht erst bezweifeln dürfen, um sie dann hinterher mit Argumenten wieder ins Leben zu rufen. Immer wieder wird Descartes nun gezwungen, sich zu rechtfertigen, obwohl er bereits in das liberale calvinistische Holland emigriert war. Wenige Jahre nach seinem Tod werden seine Schriften dann auch vom Papst und staatlichen Zensurbehörden verboten. Der französische König verbietet schließlich den Vertrieb und das Lesen seiner Schriften.

Doch auch die Zensur kann nicht verhindern, dass seine Forderung nach wissenschaftlich rationaler Erkenntnis wie ein Lauffeuer um die ganze Welt geht. Descartes' Philosophie hatte immer nur ein Ziel:

[...] ein wahres und sicheres Wissen.[17]

Auf seinem Weg zu diesem Ziel entdeckt er, dass dabei sein eigenes Nachdenken, also sein ‚Ich‘ eine entscheidende Rolle spielt. Ich bin es, der nachdenkt, ich bin es, der mit seinem Nachdenken die Welt versteht und ordnet. Seit dieser Entdeckung ist die gesamte Philosophie selbstreflexiv. Sie fragt nicht mehr nur, wie die Welt aussieht, die sie erkennen will, sondern auch nach sich selbst als dem Fragesteller und erkennenden Subjekt. Sind unsere Fragen an die Wirklichkeit überhaupt zielführend und korrekt gestellt? Kommt man mit unserer Art des Fragens und Forschens überhaupt zu gesicherter Erkenntnis?

Seit Descartes sucht die Menschheit nach exakten Methoden der Wissensgewinnung. Dabei muss unser eigenes subjektives Vorgehen kritisch betrachtet und offengelegt werden. Eine neue Wissenschaft war geboren – die sogenannte Erkenntnistheorie. Unabhängig davon, ob man wie Descartes und die ihm nachfolgenden Rationalisten das exakte Wissen am Ende in der Vernunft und in logischen Regeln findet oder wie die Empiristen in den sinnlich wahrnehmbaren Dingen der Erfahrung – etwa in Experimenten – , am Ende müssen alle Wissenschaftler darüber Auskunft geben, wie sie zu ihren Erkenntnissen kommen.

Der Kerngedanke von Descartes mündet aber nicht

nur darin, dass der Mensch sich selbst als denkendes Wesen erkennt und dementsprechend methodisch klar nach Wahrheit suchen muss, sondern darüber hinaus in der Annahme, dass das menschliche Denken sich substanziell von allen anderen Phänomenen der Welt unterscheidet:

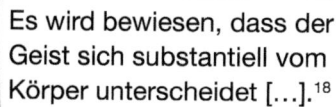

Es wird bewiesen, dass der Geist sich substantiell vom Körper unterscheidet [...].[18]

Descartes unterscheidet zwei sogenannte „Substanzen", die denkende Substanz auf der einen Seite und die seelenlose, ausgedehnte Substanz auf der anderen oder wie es im lateinischen Originaltext heißt, die „Res cogitans" und die „Res extensa". Zur ausgedehnten Substanz, der „Res extensa" gehören laut Descartes Materie, Pflanzen, Tiere und sogar unser eigener Körper. Das Denken, also unsere „Res cogitans" kann uns dazu verhelfen, die uns zunächst fremd gegenüberstehende Körper- oder Außenwelt zu verstehen und zu beherrschen. Alles was wir brauchen, ist die korrekte Anwendung der denkenden Vernunft:

Denn mittelst ihrer kann man zu Kenntnissen gelangen, die für das Leben höchst nützlich sind, und [...] uns so zu dem Herrn und Meister der Natur machen können.[19]

Diese Zweiteilung der Welt in das Denken und die materielle Außenwelt wurde als „cartesischer Dualismus" bekannt und prägt bis heute das europäische Bewusstsein. Das denkende Subjekt, also der Mensch erforscht und unterwirft als Homo Sapiens das ihm gegenüberstehende Objekt, also die Natur und macht sie sich zu Nutze. Doch diese Zweiteilung in Subjekt und Objekt, Geist und Materie, beseelt und unbeseelt, hatte wie viele große Erkenntnisse, weitreichende Folgen – segensreiche und bedenkliche.

Ist das Denken wirklich unser alles entscheidendes Wesensmerkmal? Und gibt es auf der Welt tatsächlich nur das Denken in uns und die seelenlosen Körper außerhalb von uns? Zählen die Tiere, wie Descartes annimmt, zu den „Res extensa" und müssen als Sache behandelt werden? Ist es die Aufgabe der Wissenschaft, Materie, Pflanzen und Tiere sowie den menschlichen Körper zu erkennen und zu unterwerfen? Welche Vor- und Nachteile ergeben sich daraus? Und vor allem: Was gilt heutzutage als „wahre Erkenntnis"?

Descartes ist mehr als nur ein Wegbereiter der modernen Wissenschaft, in gewisser Hinsicht wird sein Denken zu unserem Schicksal, im Positiven wie Negativen.

Der Kerngedanke von Descartes

Descartes' Zweifel an der Wahrnehmung: Ist, was wir sehen, hören oder riechen wahr?

Descartes beginnt sein berühmtes Buch *Meditationen über die Grundlagen der Philosophie* mit unserem ganz normalen Alltagsverständnis. Jeder von uns, so Descartes, hält erst einmal das für wahr, was er den ganzen Tag über sieht, hört, riecht, ertastet oder schmeckt. Kurzum, ich verlasse mich als Mensch zuallererst auf meine fünf Sinne:

Alles nämlich, was ich bisher am ehesten für wahr gehalten habe, verdanke ich den Sinnen oder der Vermittlung der Sinne.[20]

Doch genau hier muss unser Zweifel bereits einsetzen, denn oft sehen wir etwas, was sich hinterher als Sinnestäuschung oder Trugbild erweist. Wenn wir beispielsweise einen geraden Stock zur Hälfte unter Wasser halten, sieht er so aus, als hätte er in der Mitte einen Knick. In Wirklichkeit handelt es sich nur um den optischen Effekt der Lichtbrechung im Wasser. Auch wenn wir beispielsweise eine Kirchturmspitze in der Mittagshitze golden glitzern sehen, muss sie noch lange nicht aus Gold sein. Im Abendlicht glüht sie womöglich rötlich und tagsüber erscheint sie grau, was uns aber in allen drei Fällen noch keinen Aufschluss über ihre wirkliche Farbe gibt. Descartes selbst demonstriert seinen Zweifel an der Wahrheitsfindung durch unsere fünf Sinne am Beispiel des Bienenwachses. Man meint zunächst, das Wachs sehr leicht wahrnehmen zu können. Denn man kann an ihm riechen, es sehen, ertasten und sogar hören:

[...] nehmen wir [...] z.B. dieses Stück Wachs. [...] seine Farbe, Gestalt, Größe liegen offen zutage, es ist hart, auch kalt, man kann es leicht anfassen, und schlägt man mit dem Knöchel darauf, so gibt es einen Ton von sich, kurz – es besitzt alles, was erforderlich scheint, um irgendeinen Körper ganz deutlich erkennbar zu machen. Doch sieh! Während

ich noch so rede, nähert man es dem Feuer, – was an Geschmack da war, geht verloren, der Geruch entschwindet, die Farbe ändert sich, es wird unförmig, wird größer, wird flüssig, wird warm, kaum mehr läßt es sich anfassen [...].[21]

Das Wachs verändert also plötzlich all die Eigenschaften, die wir zuvor mit unseren Sinnen sicher erkannt zu haben glaubten. Dass wir uns auf die Sinne nicht verlassen können, zeigt sich, so Descartes, auch an der Größenbestimmung der Sonne. Wenn wir sie aus der Ferne im Meer untergehen sehen, erscheint sie uns als relativ kleine runde Kugel. Sogar wenn wir diese Wahrnehmung zu anderen Tageszeiten überprüfen und sie früh morgens aufgehen oder mittags am Himmel stehen sehen, bleibt sie vergleichsweise klein angesichts der Größe der Berge, der Landschaften und der Wahrnehmung unseres eigenen ausgedehnten Planeten. Auch die wiederholte Betrachtung der Sonne morgens, mittags und abends könnte uns also täuschen:

So finde ich in mir z.B. zwei verschiedene Vorstellungen von der Sonne: Die eine [...] aus den Sinnen geschöpft, [...] läßt mir die Sonne sehr klein

erscheinen. Die andere hingegen den Berechnungen der Astronomie entnommen, [...] zeigt mir die Sonne einigemal größer als die Erde [...].[22]

Descartes kommt hinsichtlich der Wahrnehmung durch unsere fünf Sinne zu der Schlussfolgerung:

Nun [...] bin ich dahintergekommen, daß diese uns bisweilen täuschen, und es ist ein Gebot der Klugheit, denen niemals ganz zu trauen, die uns auch nur einmal getäuscht haben.[23]

Aber, so meditiert Descartes weiter, vielleicht sind es ja nur die weit entfernten Objekte, die ich nicht deutlich und klar erkennen kann. Was geschieht, wenn ich meine fünf Sinne statt auf die Sonne auf etwas ganz Naheliegendes richte? Wenn ich zum Beispiel meinen eigenen Körper sehe und fühle, dann kann dies doch eigentlich keine Täuschung sein:

> Indessen – mögen uns auch die Sinne mit Bezug auf zu kleine und entfernte Gegenstände bisweilen täuschen, so gibt es doch am Ende sehr vieles andere, woran man gar nicht zweifeln kann, [...] so z.B. daß ich jetzt hier bin, daß ich, mit meinem Winterrock angetan, am Kamin sitze, daß ich dieses Papier mit den Händen betaste und ähnliches; vollends daß diese Hände selbst, daß überhaupt mein ganzer Körper da ist, wie könnte man mir das abstreiten?[24]

Hier scheint der Zweifel von Descartes sein Ende zu finden. Denn wenn ich so wie er am Kamin sitze, meinen eigenen Körper aus allernächster Nähe betrachte und dann auch noch ein Stück Papier in Händen halte, das ich bewegen und spüren kann, dann ist doch eigentlich jeder Zweifel an dieser Wirklichkeit ausgeräumt?

Nein! – sagt Descartes, wenn wir konsequent sein wollen, dann müssen wir auch an dieser Wirklichkeit zweifeln. Denn selbst wenn wir das Papier in unseren Händen bewegen und spüren, könnte dieses Gefühl dennoch irreal sein. Es besteht nämlich immer noch die Möglichkeit, dass wir gerade schlafen und alles nur träumen.

Descartes' Zweifel am Wachbewusstsein: Ist das Erlebte real oder nur ein Traum?

Auch im Traum machen wir Erfahrungen, die sich sehr real anfühlen. Wir sehen, riechen, hören, spüren Dinge und erleben vieles, was sich im Nachhinein als bloße Einbildung erweist. Wie, so fragt sich Descartes, können wir überprüfen, ob wir gerade wach sind oder nur träumen? Um sich seines Wachzustandes zu vergewissern, bewegt Descartes in einer Art Selbstversuch seinen Kopf mehrmals gezielt hin und her. Er wirft ihn ruckartig von einer Seite auf die andere, um zu spüren, dass er wirklich wach ist:

> [...] dies Haupt, das ich hin und her bewege, schläft doch nicht [...]. So deutlich geschieht mir dies doch nicht im Schlaf.[25]

Aber bald muss er sich eingestehen, dass auch dieser Versuch vergeblich ist. Denn es könnte ja sein, dass er auch die ruckartigen Kopfbewegungen wieder nur geträumt hat:

> Wie oft doch kommt es vor, daß ich mir all diese [...] Umstände während der Nachtruhe einbilde, etwa daß ich hier bin, daß ich, mit meinem Rocke bekleidet, am Kamin sitze, während ich doch entkleidet im Bette liege![26]

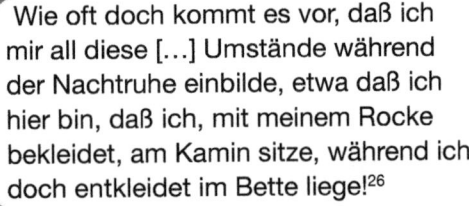

Sogar wenn er sich selbst in den Arm zwicken und Schmerz empfinden würde, brächte ihm das keine Gewissheit, wach zu sein. Denn tatsächlich haben wir oft Träume, die uns eine große Dichte an Details, Farben, Stimmungen und sogar Schmerzempfindungen vorgaukeln. Sie erscheinen uns real. Deshalb sind wir auch so erleichtert, wenn wir beispielsweise aus einem Alptraum erwachen oder enttäuscht, wenn ein in Erfüllung gehender Wunschtraum abrupt endet. Manche Menschen träumen sogar, dass es ihnen gelingt, einige Zentimeter über ihrem Bett zu schweben. Sie wachen auf, erinnern sich an den Traum und testen ihre neue Fähigkeit nun im Wachzustand. Wenn es dann immer noch funktioniert, sind sie überglücklich und freuen sich, dass sie wirklich schweben können, bis sie dann tatsächlich aufwachen und realisieren, dass sie zuvor nur geträumt hatten. Descartes kommt zu dem Ergebnis:

Denke ich einmal aufmerksamer hierüber nach, so sehe ich ganz klar, daß Wachsein und Träumen niemals durch sichere Kennzeichen unterschieden werden können [...].[27]

Wir können uns also nie ganz sicher sein, ob wir wach sind oder nur träumen. Während er über Traum und Wirklichkeit nachdenkt, sitzt Descartes immer noch im Winterrock vor dem Kamin. Er überlegt nun selbstkritisch, ob wir, wenn wir träumen, tatsächlich nur Unwahrheiten vor unserem inneren Auge sehen oder ob vielleicht auch im Traum noch etwas Wahres steckt:

Meinetwegen: wir träumen. Mögen wirklich alle jene Einzelheiten nicht wahr sein, daß wir die Augen öffnen, den Kopf bewegen, die Hände ausstrecken; [...] so muß man in der Tat doch zugeben, das im

Schlafe Gesehene seien gleichsam Bilder, die nur nach dem Muster wahrer Dinge sich abmalen konnten [...].[28]

Auch in unseren phantasievollsten Träumen, so Descartes, kombinieren wir ja letztlich nur Bilder, Körper, Farben und Gerüche, die es in der Realität als Muster und Vorlage gibt. Sogar wenn wir von einem geflügelten Pferd träumen, das es in Wirklichkeit

nicht gibt, enthält der Traum doch immerhin zwei reale Details, zum einen das Pferd, zum anderen die Flügel. Die Menschen entnehmen ihre Traumbilder letztlich immer der Realität. Das, so Descartes, ist vergleichbar der Arbeit von Künstlern, die bei aller Phantasie letztlich doch immer Anleihen bei der Wirklichkeit nehmen:

> Sind doch auch die Maler, selbst wenn sie Sirenen und Satyre in den fremdartigsten Gestalten zu bilden versuchen, nicht imstande, ihnen in

> jeder Hinsicht neue Eigenschaften zuzuteilen, sondern sie mischen nur die Glieder von verschiedenen lebenden Wesen durcheinander;[29]

Was auch immer wir Phantasievolles und Neuartiges träumen, wir können niemals jenseits von Körpern, Formen, Farben und Materialien träumen. Allerdings, so Descartes, ist und bleibt deren Zusammensetzung stets trügerisch. Deshalb sind letztlich sämtliche Wissenschaften zu bezweifeln, die aus zusammenge-setzten Fakten und Erkenntnissen von Körpern und

Materialien bestehen wie etwa die Physik. Denn ihre Ergebnisse könnten auf falschen Kombinationen im Traumzustand beruhen oder, wie zuvor gezeigt, auf Täuschungen unserer fünf Sinne. Doch wie sieht es mit der Mathematik aus, die prinzipiell keine konkreten Farben, Materialien und Körper benötigt und sich daher hinsichtlich ihrer Eigenschaften gar nicht täuschen kann? Wenn ich beispielsweise träume, dass 2+3=5 ergibt oder ein Quadrat vier Seiten hat, ist es dann nicht völlig egal, ob ich es gerade träume oder nicht?

> [...] ich mag wachen oder schlafen, so sind doch stets 2+3=5, das Quadrat hat nie mehr als vier Seiten [...].[30]

Einen kurzen Augenblick sieht es jetzt wieder so aus, als hätte Descartes mit der Mathematik nun doch etwas absolut Gewisses gefunden. Denn Arithmetik und Geometrie erzeugen ein Wissen, das sich rein aus der Logik speist und prinzipiell keine trügerischen oder vom Traum entstellten Wahrnehmungen mehr benötigt. Also muss es sich bei diesen beiden Wissenschaften im Unterschied zur Physik um ungetrübtes Wissen handeln:

Man darf wohl mit Recht hieraus schließen, daß zwar die Physik, die Astronomie, die Medizin und alle anderen Wissenschaften, die von der Betrachtung der zusammengesetzten Dinge ausgehen,

zweifelhaft sind, daß dagegen die Arithmetik, die Geometrie und andere Wissenschaften, [...] die nur von den [...] allgemeinsten Gegenständen handeln und sich wenig darum kümmern, ob diese in

der Wirklichkeit vorhanden sind oder nicht, etwas von zweifelloser Gewißheit enthalten.[31]

Descartes' Zweifel an der Logik: Sind wir Opfer eines ‚Genius malignus'?

Doch Descartes gibt sich auch mit dieser Gewissheit mathematischer Wahrheiten nicht zufrieden. Denn als er, noch immer vor dem Kamin sitzend, darüber nachdenkt, kommt ihm ein ungeheurer Verdacht: Vielleicht sind selbst unsere mathematischen Axiome, das heißt unsere Grundannahmen sowie alle unsere logischen Schlussfolgerungen ein einziger großer Irrtum. Vielleicht, so meditiert Descartes weiter, sind wir seit unserer Geburt in einer Scheinwelt beziehungsweise modern formuliert, in einer Art Matrix gefangen, die uns falsch denken und rechnen lässt:

Gibt es etwa einen Gott, oder wie ich den sonst nennen mag, der mir diese Vorstellungen einflößt?[32]

Zumindest sollten wir diese Möglichkeit als Zweifelnde nicht außer Acht lassen. Denn falls uns tatsächlich eine Art höheres Wesen einen solchen

Streich gespielt haben sollte, müssten wir auch an der Gültigkeit unserer Mathematik zweifeln:

> So will ich denn annehmen, […] irgendein böser Geist, der zugleich allmächtig und verschlagen ist, habe all seinen Fleiß daran gewandt, mich zu täuschen;[33]

Descartes empfiehlt uns nun, diesem methodischen Zweifel weiter nachzugehen und das Gedankenexperiment durchzuspielen, dass vielleicht ein „Genius malignus", also ein „böser Geist" existiert, der uns in allen Angelegenheiten des Lebens betrügt und uns eben auch hinsichtlich unserer Logik in falscher Sicherheit wiegt und täuscht:

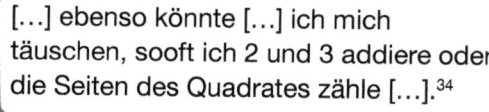

> […] ebenso könnte […] ich mich täuschen, sooft ich 2 und 3 addiere oder die Seiten des Quadrates zähle […].[34]

Natürlich, so Descartes, liegt es nahe, dass ein all-mächtiger Gott das Wirken eines „Genius malignus" aufgrund seiner liebevollen Güte nicht zulassen wür-de und es ist ferner anzunehmen, dass er auch selbst als Demiurg und Schöpfer kein böser Geist ist und somit keinerlei Interesse haben sollte, uns zu täu-schen. Andererseits gibt es tatsächlich öfters mal große Irrtümer auf der Welt. Gott hat also, wenn es ihn gibt, durchaus zugelassen, dass die Menschen, die er erschaffen hat, sich ganz offensichtlich im-mer wieder mal irren. Allein schon deshalb müssen wir, so Descartes, auch in Erwägung ziehen, dass es den „Genius malignus" gibt. Dies mag, so Descartes, übereifrig erscheinen, aber:

[...] ich weiß ja, [...] daß ich meinem Mißtrauen gar nicht zu weit nachgeben kann, da es mir ja [...] nur aufs Erkennen ankommt.[35]

Wenn wir solchermaßen nun das Wirken eines bösen Geistes unterstellen, dann sollten wir nicht nur die Mathematik bezweifeln, sondern im Grunde genommen alles, was wir in der Außenwelt vorfinden und nicht ohnehin schon als mögliche Sinnestäuschung oder Traumzustand enttarnt haben. Alles, wirklich alles könnte eine vorgegaukelte Matrix sein. Auf unserer Suche nach einer letzten unhintergehbaren Gewissheit müssen wir uns deshalb radikal von allen gewohnten Sicherheiten verabschieden und diese über Bord werfen. Genau diesen kompromisslosen Standpunkt nimmt Descartes nun ein:

[...] ich will glauben, Himmel, Luft, Erde, Farben, Gestalten, Töne und alle Außendinge seien nichts als das täuschende Spiel von Träumen [...].[36]

Und nicht nur die Dinge der Außenwelt, sondern auch der eigene Körper muss konsequenterweise als mögliche Täuschung betrachtet werden, von der es sich jetzt frei zu machen gilt:

[…] mich selbst will ich so ansehen, als hätte ich keine Hände, keine Augen, kein Fleisch, kein Blut, überhaupt keine Sinne, sondern glaubte nur fälschlich das alles zu besitzen.[37]

In diesem fast schon entmenschlichten Zustand des Zweifelns beendet Descartes am Abend völlig erschöpft seine Meditation und geht schlafen. Am darauffolgenden Morgen kommt er zu seiner epochemachenden Entdeckung.

Die einzig sichere Wahrheit: „Ich denke, also bin ich"

Die nun folgende „Zweite Meditation" von Descartes ist die Schlüsselstelle seiner Aufzeichnungen in jener Woche des zurückgezogenen Nachdenkens. Es ist vielleicht das am häufigsten gelesene und zitierte Kapitel eines philosophischen Buches überhaupt. Es beginnt mit einem Eingeständnis:

Die gestrige Betrachtung hat mich in so gewaltige Zweifel gestürzt, daß ich sie nicht mehr vergessen kann, und doch sehe ich

nicht, wie sie zu lösen sind; [...] wie bei einem unvorhergesehenen Sturz in einen tiefen Strudel [...].[38]

In dieser aufgewühlten Stimmung lässt Descartes noch einmal all seine bisherigen Zweifel Revue passieren und auf sich wirken. Er erinnert sich, dass er seinen Wahrnehmungen mit Augen, Nase, Ohren und Tast- und Geschmackssinn auf keinen Fall mehr vertrauen darf, da sie sich als trügerisch erwiesen haben. Er vergegenwärtigt sich, dass er niemals genau wissen kann, ob er gerade wach ist oder träumt. Und er gesteht sich drittens ein, dass sich sogar seine logischen Erkenntnisse aus Arithmetik und Geometrie als prinzipiell falsch erweisen könnten, wenn ihm ein „Genius malignus" eine Matrix falscher Axiome und Berechnungsmöglichkeiten eingegeben hat:

> Ich setze also voraus, daß alles, was ich sehe, falsch ist [...]: ich habe überhaupt keine Sinne; Körper, Gestalt, Ausdehnung, Bewegung und Ort sind nichts als Chimären. Was also bleibt Wahres übrig?[39]

Descartes steht jetzt vor dem Trümmerfeld seines Zweifels. Er hat alles zerschmettert, was ihm zuvor Sicherheit gab – die Gewissheit der Wahrnehmung mit Augen, Ohren und Nase, seinen Sinn für Traum und Wirklichkeit und sein Vertrauen in mathematische Gewissheiten, ja sogar seine eigene Körperwahrnehmung. Womöglich, so denkt er einen Augenblick lang, gibt es sie gar nicht, jene absolute Gewissheit, nach der er so lange schon sucht. Doch in dieser schwierigen Situation betrachtet er mit seinem inneren Auge noch ein letztes Mal das Ergebnis seines Zweifels. Er fragt sich, ob am Ende nicht doch noch irgendetwas übriggeblieben ist, das aus dem Scherbenhaufen der bezweifelten Gewissheiten herausragt. Und er wird tatsächlich fündig. Plötzlich fällt es ihm wie Schuppen von den Augen. Das Einzige, was jetzt noch übrigbleibt, ist das „Ich", das von Anfang an die Keule des Zweifels geschwungen hat. Mag sich auch alles, was ich sehe, letztlich als Sinnestäuschung oder Traum herausstellen, mag sich auch die gesamte Welt um mich herum als vorgetäuschte Matrix eines „Deus malignus" erweisen, so bleibe doch immer noch ich selbst übrig, der an seinen Sinneswahrnehmungen und an der Matrix zweifelt und über diese nachdenkt –, unabhängig davon, ob es den „Genius malignus" nun gibt oder nicht:

Er täusche mich, soviel er kann, niemals wird er doch fertigbringen, daß ich nichts bin, solange ich denke [...].[40]

Zweifeln ist eine Form des Denkens. Und wenn ich zweifle, also über irgendetwas kritisch nachdenke, spielt es keinerlei Rolle, ob ich dies im Wachzustand tue oder im Traum. Denn sobald ich zweifle, muss es mich, den Zweifelnden ganz offensichtlich geben:

Und so komme ich, nachdem ich nun alles mehr als genug hin und her erwogen habe, schließlich zu der Feststellung, daß dieser Satz: „Ich bin, ich existiere", sooft ich ihn ausspreche oder in Gedanken fasse, notwendig wahr ist.[41]

Ein Denkender mag sich in vielerlei Weise irren, aber während er denkt und irrt, muss es ihn geben. Daher gilt:

Ich denke, also bin ich.[42]

Fazit: Wenn ich etwas bezweifle, egal ob im Traum oder Wachzustand, dann ist mein Zweifeln in jedem Fall eine spezielle Art des Denkens. Denken wiederum ist unabweisbarer Ausdruck meiner Existenz. Wenn ich also denke, muss ich logischerweise da sein. Deshalb ist der Satz ‚Ich denke also bin ich' von unhintergehbarer Gewissheit. Jeder, der denkt, weiß in diesem Augenblick, dass er lebt:

> […] und ich fand, dass die Wahrheit: „Ich denke, also bin ich", so fest und so gesichert sei, dass die übertriebensten Annahmen der Skeptiker sie nicht erschüttern können.[43]

Damit hat Descartes endlich den archimedischen Punkt gefunden, von dem aus er nun die ganze übrige Welt erkennen, erforschen und beherrschen will:

So glaubte ich diesen Satz ohne Bedenken für den ersten Grundsatz der von mir gesuchten Philosophie annehmen zu können.[44]

Auf diesem ersten Grundsatz aufbauend, dass der Mensch sich denkend in seiner Existenz erkennt, entwickelt Descartes nun seine ganze Philosophie. Dabei ist es keineswegs so, dass der Zweifel mit dem Auffinden der „Gewissheit der eigenen Existenz" seinen Zweck erfüllt oder gar ausgedient hat – im Gegenteil: Descartes erarbeitet in seinem Buch *Abhandlung über die Methode, richtig zu denken und Wahrheit in den Wissenschaften zu suchen* die vier berühmten Prinzipien des „methodischen Zweifels", die künftig einzig und allein Grundlage der Wissenschaft sein sollen.[45]

Nur wenn wir die folgenden vier Regeln befolgen, kommen wir mit unserer Vernunft zu sicheren Erkenntnissen: Erstens dürfen wir nur das als wahr behaupten, was man klar und deutlich erkennen kann. Zweitens müssen wir, um etwas klar und deutlich zu erkennen, erst einmal jeden Sachverhalt in seine einzelnen Bestandteile zerlegen. Drittens sollten wir vom Konkreten ausgehend die einzelnen Bestandteile jeweils für sich und dann in ihrem gemeinsamen Wirkzusammenhang erkennen. Viertens muss abschließend eine Liste erstellt und überprüft werden, ob man alle Bestandteile und Zusammenhänge des Problems vollständig erfasst und fehlerfrei erkannt hat:

Die *erste* Regel war, niemals eine Sache für wahr anzunehmen, ohne sie als solche genau zu kennen; [...] Die *zweite* war, jede zu untersuchende Frage in so viel einfachere, als möglich und zur besseren Beantwortung erforderlich war, aufzulösen. Die *dritte* war, [...] dass

ich mit den einfachsten und leichtesten Gegenständen begann und nur nach und nach zur Untersuchung der verwickelten aufstieg [...]. Endlich *viertens*, alles vollständig zu überzählen und im Allgemeinen zu überschauen, um mich gegen jedes Übersehen zu sichern.[46]

Nur wenn wir diese vier Grundsätze des methodischen Zweifels anwenden, kommen wir zu wissenschaftlichen Erkenntnissen. Um beispielsweise zu beurteilen, ob die Klimaerwärmung eher ein menschengemachtes oder ein natürliches Phänomen ist, müsste gemäß Descartes die zu untersuchende Frage zunächst in möglichst viele Einzelsachverhalte aufgelöst, dann deren Wirkmechanismen einzeln und im Zusammenspiel geprüft und dabei auf Vollständigkeit geachtet werden. Im Falle der Klimaerwärmung müsste also sowohl die Verursachung der Erwärmung durch einzelne Gase als auch deren Entstehung durch natürliche Prozesse oder durch Menschenhand im Detail geprüft und verglichen werden. Um „den Sachverhalt für wahr anzunehmen", müsste sich gemäß Descartes nachweisen lassen, dass die vier verschiedenen Gase Kohlendioxid (CO_2), Methan, Distickstoffoxid und fluorierte Gase je einzeln oder in Summe die Atmosphäre versiegeln und wie das Glasdach eines Treibhauses die Sonnenwärme hinein-, aber nicht mehr hinauslassen, was zum Treibhauseffekt führt. Zweitens müsste die Entstehung der Gase in Einzelsachverhalte aufgelöst werden. So könnte die Prüfung dann ergeben, dass zwar die Natur selbst in bestimmtem Ausmaß diese Gase ebenfalls produziert, etwa bei Vulkanausbrüchen, dass aber die Menge dieser natürlich erzeugten Treibhausgase durch die Nutzung fossiler Brennstoffe, Abholzung von Wäldern und Viehzucht durch die Menschen noch einmal massiv erhöht wird. Wenn dieser Zusammenhang geprüft und gesichert ist, müsste, gemäß Descartes, abschließend noch eine Aufstellung gemacht und sichergestellt werden, ob man wirklich alle etwaigen Faktoren vollständig in die Bestandsaufnahme einbezogen hat.

Mithilfe seines methodischen Zweifels wollte Descartes die Welt sorgfältig und seriös erforschen und alle Einzelwissenschaften voranbringen. Er hatte als Mathematiker und Physiker bereits erste Erfolge, bedauerte es deshalb umso mehr, dass er aufgrund seiner begrenzten Lebenszeit letztlich nicht in der Lage sei, seine neue Methode auf allen Wissensgebieten anzuwenden:

Um aber diesen Plan zu seinem Ende zu führen, hätte ich danach in derselben Weise die Natur eines jeden der [...] besonderen Körper, die es auf der Erde gibt, erklären müssen, nämlich der Mineralien, der Pflanzen, der Tiere und in aller erster Linie des Menschen [...].[47]

Aus seiner Forderung, künftig nur das als „wahr" gelten zu lassen, was einem methodischen Zweifel standhalten kann, ergab sich noch ein zweites großes Problem. Wie verhält es sich eigentlich mit der Existenz Gottes? Muss er nicht auch bezweifelt werden? Descartes wollte seinem Primat des Denkens treu bleiben und unternahm nun den abenteuerlichen Versuch, die Existenz Gottes mit seiner neuen Methode zu beweisen.

Wenn nur Denken Gewissheit verschafft, muss auch Gott logisch gedacht werden

Auch bei seinem Gottesbeweis folgt Descartes seiner wissenschaftlichen Regel, wonach man jeden Sachverhalt zunächst einmal in seine Einzelteile zerlegen müsse. Er zerlegt daher folgerichtig die Vorstellung, die wir von Gott haben in einzelne „Bestandteile". Denn mit Gott werden seit jeher eine Reihe von Eigenschaften verbunden. Der Idee nach ist er:

[…] ewig, unendlich, allwissend, allmächtig und der Schöpfer aller Dinger außer ihm […].[48]

Doch das, so Descartes, ist erst einmal nur eine Vorstellung oder eine bloße Idee in unserem Gehirn, die noch nichts über die wirkliche Existenz Gottes aussagt:

Zweifellos finde ich seine Vorstellung, d.h. die des höchst vollkommenen Wesens, ebenso gut bei mir vor, wie die Vorstellung einer beliebigen Figur oder Zahl.[49]

Alle Ideen, die wir in unserem Kopf haben, sei es die Vorstellung von einem Dreieck, einem Baum oder die Idee von Gott, sind, so Descartes, Repräsentationen, also Platzhalter oder wie er auch sagt, „gedankliche Zugriffe" auf Dinge und Sachverhalte. Dabei kommen die Ideen nicht einfach aus dem Nichts, sondern greifen inhaltlich auf andere Ideen und Urbilder zurück, aus denen wir sie ableiten oder entwickeln:

> Wenn wir [...] die Ideen, die wir in uns haben, einer weitergehenden Prüfung unterziehen, stellen wir fest, [...] daß ihre Ursache desto vollkommener sein muß, je mehr objektive Vollkommenheit sie in sich enthalten [...].[50]

Jede Idee hat also eine Ursache und diese Ursache muss jeweils vollkommener sein als sie selbst. Hier bezieht sich Descartes ein Stück weit auf Platons Ideenlehre. Wenn wir beispielsweise eine runde Diskuswurfscheibe, einen runden Teller aus Ton oder eine runde Münze aus Silber vor uns sehen, dann können wir davon ausgehen, dass die Hersteller in allen drei Produkten die Idee der Rundheit so gut als möglich verwirklichen wollten. Dazu greifen sie auf das Urbild beziehungsweise auf die ursprüngliche Idee des

Kreises zurück. Bei dieser reinen und vollkommenen Idee des Kreises sind alle Punkte der rund herumlaufenden Linie exakt gleich weit von einem gemeinsamen Mittelpunkt entfernt. Der Töpfermeister und der Schmied versuchen zwar, diese reine Idee weitgehend zu verwirklichen, doch die Münzen, Teller und Diskusscheiben weichen dann doch an vielen Stellen mehr oder weniger weit davon ab. Sie sind, wie Platon sagen würde, nur unvollkommene Abbilder eines vollkommenen Urbildes. Letztlich ermöglichen es diese Urbilder, die wir laut Platon seit unserer Geburt in unserem Gedächtnis haben, dass wir so unterschiedliche Erscheinungen wie eine Birke, eine Eiche, eine Buche oder Pappel immer als „Baum" erkennen können – eben dank der gemeinsamen Idee vom Baum als einer Gestalt mit Wurzeln, Stamm, Ästen, Zweigen und Blättern. Platon geht sogar noch weiter: Erst das Vorhandensein der ursächlichen Idee „Baum" ermöglicht es, dass es einzelne konkrete Bäume geben kann. Die ursprüngliche Idee „Baum" hat eine eigene Wirklichkeit und ist ursächlich für alle Erscheinungen.

Descartes sieht in den Urbildern zwar keine eigene, für sich bestehende Wirklichkeit, aber auch für ihn sind sie als Ursache der Erscheinungen vollendeter als deren Abbilder. Auch übernimmt Descartes von

Platon die Lehre, dass alle Erscheinungen, Vorstellungen und Ideen in unserem Kopf prinzipiell eine tiefere Ursache haben. Wenn ich beispielsweise einen Tisch, ein Haus oder eine Maschine baue, dann kommt die jeweilige Idee auf keinen Fall aus dem Nichts:

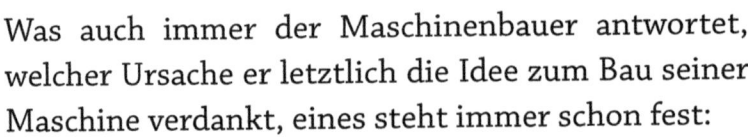

So wie nämlich, wenn jemand die Idee irgendeiner sehr ausgeklügelten Maschine in sich hat, ganz zu Recht gefragt werden kann, aufgrund welcher Ursache [...] er diese Idee besitzt: Hat er [...] irgendwo eine solche, von einem anderen gefertigte Maschine gesehen? Hat er sich die Kenntnisse der Mechanik [...] angeeignet, oder verfügt er vielmehr über eine so große Geisteskraft, [...] sie sich selbst auszudenken [...]?[51]

Was auch immer der Maschinenbauer antwortet, welcher Ursache er letztlich die Idee zum Bau seiner Maschine verdankt, eines steht immer schon fest:

56

Das [...] technische Gebilde [...] als Vorstellung [...], muß in seiner Ursache, was auch immer sie sei, [...] enthalten sein.[52]

So wie die Idee zum Bau der Maschine hat jede Idee, die wir in unseren Kopf haben, eine tiefere Ursache. Bei all diesen Vorstellungen und Ideen können wir jedes Mal nach deren Ursachen fragen. Das sollten wir zunächst einmal auch bei unserer Vorstellung von Gott vornehmen:

Und so haben wir, weil wir die Idee Gottes bzw. eines höchsten Wesens in uns haben, guten Grund, zu untersuchen, aufgrund welcher Ursache wir diese Idee besitzen.[53]

Wenn wir nun aber angestrengt darüber nachdenken, welches noch vollkommenere Urbild die Ursache dafür sein könnte, dass wir zur Idee eines allmächtigen und vollkommenen Wesens gekommen sind, werden wir, so Descartes, trotz all dieser Anstrengungen nichts finden. Denn die Idee der Vollkommenheit ist ja nicht mehr zu übertreffen. Vielleicht, so könnte man meinen, haben wir uns diese Idee nur spontan oder aus einer Laune heraus ausgedacht. Aber auch das ist gemäß Descartes völlig unmöglich, denn wir sind ja nur Menschen und als Menschen weder ewig, allmächtig noch allwissend, sondern im Gegenteil sterblich und mit sehr vielen Mängeln behaftet. Also können wir uns unmöglich die Idee von Gott selbst ausgedacht haben, denn dann wäre ja etwas Unvollkommenes wie der Mensch die Ursache für etwas Vollkommenes wie Gott und das kann prinzipiell nicht der Fall sein:

Denn es ist [...] selbstverständlich, [...] daß das, was vollkommener ist von dem, was weniger vollkommen ist, [...] nicht hervorgebracht werden kann [...].[54]

Die Idee von Gott als ewig, unendlich, allmächtig und allwissend, muss also von anderswo herkommen:

> Weil wir nun jene höchsten Vollkommenheiten, deren Idee wir besitzen, in uns selbst in keiner Weise antreffen, folgern wir daraus zu Recht, daß sie in etwas anderem, von uns Verschiedenen, nämlich in Gott vorhanden sind [...].[55]

Nur Gott selbst kann letztlich die Ursache dafür sein, dass wir die Idee von ihm in uns haben. Denn nur ein wirklich absolut vollkommenes Wesen ist in der Lage, uns Menschen die daraus erwachsende Idee der Vollkommenheit einzupflanzen. Deshalb, so Descartes, muss es ihn geben.

Er hat aber für die Existenz Gottes noch ein zweites, zusätzliches Argument, das auf Aristoteles zurückgeht. Wenn wir als vernünftige Naturwissenschaftler und Logiker davon ausgehen, dass alles im Universum bestimmten Gesetzmäßigkeiten folgt und in einem Ursache-Wirkungszusammenhang steht, muss man sich konsequenterweise die Frage stellen, was wohl die allererste Ursache war. Was hat in der unendlich langen Kette von Ursachen und Wirkungen den Anfang gemacht? Es müsste eine Ursache von der Art sein, die selbst keiner Ursache mehr bedurfte oder anders formuliert: Wer hat alles angestoßen, ohne selbst angestoßen worden zu sein? Wer ist der unbewegte Beweger? Da wir wissen, dass alle Lebewesen und alle Materie auf der Welt, die einen Körper aufweisen, den physikalischen Gesetzen der Bewegung und somit des Bewegtwerdens unterliegen, muss der unbewegte Beweger „unkörperlich" sein und somit „nicht von dieser Welt":

> Was nun die allgemeine Ursache anbelangt, so erscheint es mir als offensichtlich, daß sie nichts anderes ist als Gott selbst, der die Materie zugleich mit der Bewegung [...] am Anfang erschaffen hat [...].[56]

Fazit: Eine Ursache, so Descartes, kann niemals weniger vollkommen sein als ihre Wirkung. Da aber unsere Vorstellung von Gott weitaus vollkommener ist als wir selbst, kann sie nicht von uns stammen, sondern muss von außerhalb in uns hineingekommen sein. Die Tatsache, dass wir die Idee Gottes in uns haben, lässt am Ende nur den logischen Schluss zu, dass sie uns durch eine höhere Vollkommenheit, eben durch Gott selbst eingegeben wurde. Seine Existenz ist damit bewiesen. Gott ist aufgrund seiner unvergleichlich größeren Perfektion die Ursache des Menschen und nicht umgekehrt. Ein eigenständiges Dasein Gottes außerhalb von unserem Bewusstsein ist somit denknotwendig.

Bei dieser Ableitung der Existenz Gottes aus der im Menschen vorhandenen Idee eines solchen, beruft sich Descartes auch auf den ontologischen Gottesbeweis von Anselm von Canterbury. Aus der Vollkommenheit Gottes wird auf seine Existenz geschlossen nach der Logik: Gott muss, da er vollkommen ist, auch wirklich existieren, andernfalls wäre er ja nicht vollkommen. Descartes bringt dafür abschließend ein Beispiel. Ich kann mir zwar ein geflügeltes Pferd vorstellen, obwohl es in Wirklichkeit nicht existiert, aber ich kann mir unmöglich ein vollendetes Wesen vorstellen, das nicht vollendet ist:

Denn es steht mir nicht frei, Gott ohne Dasein – d.h. das vollkommenste Wesen ohne höchste Vollkommenheit – zu denken, wie es mir freisteht, mir ein Pferd mit oder ohne Flügel vorzustellen.[57]

Doch dieser Gottesbeweis von Descartes ist letztlich ein Zirkelschluss, da er das, was er beweisen will, nämlich die reale Existenz eines vollkommenen Wesens bereits voraussetzt, indem er davon ausgeht, dass der in unserem Kopf gespeicherten Idee der Vollkommenheit Gottes bereits absolute Realität zukommt. Wenn man nämlich den bloßen Gedanken der Vollkommenheit Gottes als real, absolut und unabweisbar betrachtet und annimmt, dass das vollkommene Wesen nicht aus Unvollkommenem wie dem Menschen entstehen kann, dann ist es einfach, als einzig mögliche Ursache der „realen" Idee vom Schöpfergott dessen „Realität" abzuleiten, frei nach der Devise: Der Vollkommene existiert, weil wir ihn als vollkommen Existierenden denken können.

Der Versuch von Descartes, mit seinem Gottesbeweis den Glauben an Gott wiederherzustellen, den er zuvor durch seine Methode des Zweifelns erschüttert hatte, scheitert aber letztlich nicht an seinem Zirkelschluss, sondern bereits am Ausgangspunkt seiner Argumentation. Denn schon sein fundamentaler Ansatz, wonach einzig und allein das „Denken" eine sichere Gewissheit erzeugt, und man von diesem Standpunkt aus über Gott nachdenken müsse, widerspricht fundamental der Glaubenslehre der Kirche. Im Trienter Konzil (1545-1563) wurde ausdrücklich festgelegt, dass alle Gläubigen sich an die bisherige Tradition der Bibelauslegungen und der entsprechenden Zeugnisse vom Wirken Gottes halten müssten und somit auch die neuartige Auslegung Luthers und der Protestanten als Unwahrheit zu verwerfen sei. Der Rationalismus von Descartes ließ aber generell jede Art von Bibelauslegung, sei sie nun katholisch oder protestantisch, völlig außer Acht. Sie war für ihn keine Wahrheitsgrundlage mehr, da die verschiedenen biblischen Offenbarungen und Wunder von Jesus, ganz unabhängig davon, wie man sie im Einzelnen auslegt, von der Vernunft nicht klar und deutlich erkannt werden können. Sein „rationaler" Gottesbeweis konnte ihn daher nicht vor der Kritik der Kirche bewahren.

Descartes benötigte die Herleitung eines allmächtigen und gütigen Gottes aber auch, um seine eigenen Meditationen fortsetzen zu können. Denn wenn es beim Zweifel am Wohlwollen Gottes und der Annahme eines ‚Genius malignus' geblieben wäre, dann müssten wir auch weiterhin an der Existenz der Außenwelt zweifeln. So aber haben wir zusätzlich zur Gewissheit unseres Denkens nun auch die Gewissheit, dass es eine reale Außenwelt gibt.

Der Körper-Geist-Dualismus: Die „Res extensa" und die „Res cogitans"

Das Ergebnis der Meditation führt also zu zwei Gewissheiten, erstens zu der Gewissheit, dass ich ein denkendes Wesen bin:

> Das Denken ist's, es allein kann von mir nicht getrennt werden. [...] Ich bin also genau nur ein denkendes Wesen, d.h. Geist, Seele, Verstand, Vernunft [...].[58]

Und zweitens zu der Gewissheit, dass um mich herum eine Außenwelt existiert:

[...] so existiert im gesamten Universum nur eine und dieselbe Materie, nämlich die, die [...] dadurch erkannt wird, daß sie ausgedehnt ist.[59]

Descartes unterscheidet diese beiden Bereiche als zwei grundverschiedene Substanzen, die völlig unabhängig voneinander existieren. Es gibt zum einen die geistige Substanz, also die „Res cogitans" und zum anderen die materielle Substanz, die „Res extensa". Wörtlich aus dem Lateinischen übersetzt, spricht Descartes von der „denkenden Sache" und der „ausgedehnten Sache". Die denkende Sache sind wir Menschen beziehungsweise unser Geist, die ausgedehnte Sache sind alle Körper, deren Ausdehnung eine bestimmte Länge, Breite und Höhe haben und somit messbar sind. Zur ausgedehnten Sache gehören beispielsweise unser Frühstückstisch, der Teller, die Gabel, das Messer, das Brot und auch die Tasse Kaffee, die wir trinken. Aber auch ganze Planetensysteme, Pflanzen, Tiere und sogar unseren eigenen Körper zählt Descartes zur materiellen „Res extensa". Das ist erst einmal erstaunlich, denn man sieht sich selbst doch eigentlich als einheitliches Wesen an, das nicht vom eigenen Körper getrennt ist oder diesem fremdartig gegenübersteht. Doch das ist laut Descartes eine Täuschung. Wenn ich nämlich einmal genau über mich nachdenke, erkenne ich sehr schnell den Unterschied zwischen meinem Geist und dem Körper und ich weiß, dass sie ganz verschiedenen Welten angehören:

Nun […] bemerke ich […], daß zwischen Geist und Körper insofern ein großer Unterschied besteht, als der Körper seiner Natur nach stets teilbar, der Geist hingegen durchaus unteilbar ist.[60]

Meinen Körper könnte ich durch Amputationen in viele Teile zerlegen lassen. Nach meinem Tod kann es durchaus sein, dass Bakterien und kleinste Lebewesen sich an ihm zu schaffen machen und ihn tatsächlich noch weiter zerstückeln und zersetzen. Auch kann ich meinen Körper rein anatomisch in Organe, Knochen, Muskelmasse und das Herzkreislaufsystem aufteilen, meinen Geist aber nicht:

Denn [...] insofern ich nur ein denkendes Wesen bin, so kann ich in mir keine Teile unterscheiden, sondern erkenne mich als ein durchaus einheitliches und ganzes Ding.[61]

Von meinem Körper mit beispielsweise 76 Kilogramm Gewicht und einer Größe von 178 Zentimetern unterscheidet sich der Geist also ganz erheblich,

[...] sofern er denkendes Wesen ist – weder in die Länge, Breite und Tiefe ausgedehnt noch sonst im Besitz körperlicher Eigenschaften [...].[62]

Descartes leugnet natürlich nicht, dass wir einen physischen Körper haben. Das wäre ja auch unmöglich. Aber er betont immer wieder, dass Geist und Körper von einer grundsätzlich verschiedenen Seinsart sind. Seine scharfe substanzielle Trennung zwischen „Res cogitans" und „Res extensa" führt ihn am Ende zu einer sehr weitreichenden Schlussfolgerung:

> Und wenngleich ich [...] einen Körper habe, [...] so ist doch, [...] sofern ich nur ein denkendes nicht ausgedehntes Wesen bin, [...] soviel gewiß, daß ich von meinem Körper wahrhaft verschieden bin und ohne ihn existieren kann.[63]

Der Geist kann also ohne den Körper existieren. Mit seinem Gedanken der Unsterblichkeit des Geistes beziehungsweise der Unsterblichkeit der Seele stellt sich Descartes ganz in die Tradition der christlichen und platonischen Philosophie. Allerdings bekommt er dadurch auch ein werksimmanentes Problem. Wenn Geist und Körper tatsächlich voneinander unabhängige Bereiche sind, wie funktioniert dann das Zusammenspiel? Oder konkret gefragt – wenn mein Geist den Vorsatz fasst, ins Restaurant zu gehen, wie bekomme ich die Füße dazu, sich in diese Richtung zu bewegen? Descartes überlegt nun, wo und wie der

Geist im Alltag Kontakt zu seinem Körper bekommen kann. Als Schnittstelle findet er schließlich die Zirbeldrüse. Sie hat ihren Sitz direkt im Gehirn. Descartes folgert, dass die Zirbeldrüse, wenn sie einen Gedanken aufnimmt, eine bestimmte Menge Flüssigkeit produziert und ausscheidet, die dann über ein Kanalsystem Druck auf die Nerven der Füße ausübt und dadurch letztere in Bewegung setzt.

Auch der umgekehrte Prozess, dass beispielsweise eine Hitze- oder Schmerzempfindung von den Füßen in den Geist aufsteigt, funktioniert gewissermaßen hydraulisch, wie die folgende Zeichnung von Descartes illustriert.

Hierzu muss man wissen, dass zur Zeit von Descartes viele Adelige versuchten, prächtige Parkanlagen mit Kanälen und Wasserspielen zu errichten. Die Ingenieure sind nämlich damals bereits in der Lage, Kanäle, Kaskaden und Springbrunnen mittels Druck aus kommunizierenden hydraulischen Systemen zu konstruieren. Ähnlich, so Descartes, müsse man sich die Vorgänge im Körper vorstellen:

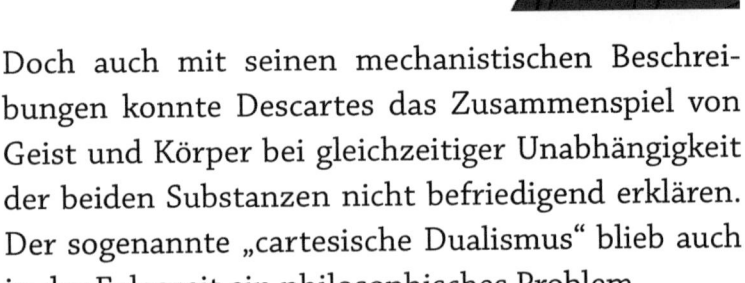

Werden z.B. die Fußnerven heftig [...] bewegt, so gibt jene durch das Rückenmark bis zu den inneren Gehirnteilen dringende Bewegung dort dem Geist ein Zeichen, etwas zu empfinden, nämlich einen Schmerz, und [...] dieser veranlasst den Geist, seine Ursache [...] zu beseitigen.[64]

Doch auch mit seinen mechanistischen Beschreibungen konnte Descartes das Zusammenspiel von Geist und Körper bei gleichzeitiger Unabhängigkeit der beiden Substanzen nicht befriedigend erklären. Der sogenannte „cartesische Dualismus" blieb auch in der Folgezeit ein philosophisches Problem.

Fazit: Descartes' Zweifel führt ihn zu einer allerersten Gewissheit, der Gewissheit der eigenen Existenz als denkendem Wesen. Das Denken wiederum lässt die Existenz Gottes als logisch erscheinen. Dadurch ist es auch sinnvoll, anzunehmen, dass die von ihm geschaffene Welt um uns herum real ist. Darauf aufbauend gewinnt Descartes die Gewissheit über sein Denken als „Res cogitans", das unabhängig von seinem Körper und allen anderen Körpern der Welt, also der „Res extensa" existiert. Das Denken befähigt uns nun, die ausgedehnte materielle Welt zu beherrschen.

Allerdings müssen wir weiterhin bezweifeln, dass die Welt exakt so ist, wie sie uns erscheint. Denn wir haben als Menschen von der Schöpfung die Freiheit und damit auch die Möglichkeit zum Irrtum mitbekommen. Der methodische Zweifel muss also, so Descartes, weiterhin lebendig bleiben und zur Grundlage jeder künftigen Wissenschaft werden.

Was nutzt uns die Entdeckung von Descartes heute?

Eine kurze Geschichte der Erkenntnistheorie von Descartes bis heute

Was nutzt uns die große Entdeckung von Descartes heute? ist sein berühmter Satz „Ich denke, also bin ich" für uns überhaupt noch von Bedeutung?

In jedem Fall steht der Satz exemplarisch für den Umbruch vom Mittelalter zur Neuzeit. Descartes' Forderung nach einer letzten unbezweifelbaren Gewissheit jenseits von religiösem Glauben und göttlicher Offenbarung war in der damaligen Zeit des 30-jährigen Glaubenskrieges und des religiösen Eifers ein radikaler Einschnitt. Man kann sagen, es war der Abschied vom mittelalterlichen Denken. Ähnlich wie Kolumbus mit der Entdeckung Amerikas oder Kopernikus mit dem heliozentrischen Weltbild, hat auch Descartes mit seinem Rationalismus der Menschheit einen neuen Blick auf die Welt erschlossen. So wie in den Geschichtsbüchern der Beginn der Neuzeit gerne mit der Atlantiküberquerung von Kolumbus 1492 datiert wird, kann man den Beginn der neuzeitlichen Philosophie etwas mehr als ein Jahrhundert später im Jahr 1637 mit dem Ausspruch „Cogito, ergo sum" ansetzen. Descartes stellt erstmals die Frage nach gesichertem Wissen. Das ist in seiner religiös geprägten Welt so revolutionär, dass er mit gutem Grund fürchtet, wegen Ketzerei angeklagt zu werden. Denn wahres Wissen entspringt für die Theologen einzig und allein dem Glauben an Gott und den Evangelien. So stoppt Descartes in letzter Minute die Veröffentlichung seines geplanten naturwissenschaftlichen Werkes *Traité du Monde* (Abhandlung über die Welt), als er von der Verurteilung Galileo Galileis erfährt. Man vermutet, dass er selbst Teile seines Frühwerkes wieder vernichtet hat.

Sein zweites Buch *Abhandlung über die Methode* publiziert er 1637 noch anonym, obwohl er bereits 1633 in die etwas liberaleren Niederlande emigriert ist. Insgesamt wechselt er sage und schreibe zweiundzwanzigmal seinen Wohnsitz, um nicht aufzufallen. Dabei hält er seine jeweiligen Aufenthaltsorte streng geheim. Lediglich engen Vertrauten und Brieffreunden wie dem Pariser Mentor Martin Mersenne verrät er seine häufig wechselnden Postadressen:

> [...] ich werde [...] Sie immer die Orte wissen lassen, an denen ich mich befinde, vorausgesetzt, daß Sie [...] nicht darüber sprechen [...]. Ich fürchte das Ansehen mehr, als daß ich es wünsche [...].[65]

Auch denkt Descartes lange Zeit darüber nach, ob es nicht klüger wäre, gar nichts zu veröffentlichen und ganz zu schweigen. Das gelingt ihm dann bekanntlich doch nicht. Mit seinen *Meditationen über die erste Philosophie* von 1641 und der französischen Übersetzung von 1647 wird er bereits zu Lebzeiten bekannt. Darin wagt er es als Erster, Offenbarungsglaube von rationalem Wissen zu unterscheiden. Und nicht nur das: Er trennt ein für alle Mal das Alltagswissen von echter wissenschaftlicher Erkenntnis. Immer wieder stellt er die große Forderung, seine Regeln der Erkenntnis zu beachten:

> Die erste Regel war, niemals eine Sache als wahr anzunehmen, ohne sie als solche genau zu kennen; d.h. [...] nichts in mein Wissen aufzunehmen, als

> was sich so klar und deutlich darbot, dass ich keinen Anlass hatte, es in Zweifel zu ziehen.[66]

An anderer Stelle schreibt er:

> Ich hatte von jeher das eifrige Verlangen, den Unterschied des Wahren und Falschen zu erkennen.[67]

Damit wird Descartes zum Begründer einer neuen philosophischen Hauptrichtung, der sogenannten „Erkenntnistheorie". Die Themen dieser neuen Disziplin lauten: „Was ist sichere Erkenntnis? Wie und auf welche Weise kommen Erkenntnisse überhaupt in unserem Denkapparat zustande? Welche Rolle spielt dabei die Erfahrung? Kann man auch unabhängig von Erfahrung etwas wissen? Was ist Wahrheit?"

Mit seinem radikalen Zweifel an allem, was wir mit den Sinnen wahrnehmen, initiiert Descartes die Jahrhunderte andauernde Diskussion zwischen Rationalisten und Empiristen hinsichtlich der Gewinnung eines sicheren Wissens. Wichtigste Vertreter des erkenntnistheoretischen Streites sind im Gefolge von Descartes die Rationalisten Spinoza, Malbranche, Leibniz und Wolff, sowie deren Gegner, die Empiristen Locke, Bacon, Hobbes, Berkeley und Hume.

Nach Descartes' Tod bezeichneten sich seine Nachfolger als Rationalisten gemäß dem lateinischen Wort „ratio". Das heißt übersetzt nichts anderes als „Vernunft". Und tatsächlich beriefen sich die Rationalisten einzig und allein auf die Vernunft. Nur mit Hilfe der Vernunft, also durch bloßes Nachdenken und logische Schlüsse, komme man letztlich zu wahren Einsichten, genau wie Descartes es als Begründer des Rationalismus formuliert hat:

[...] ich weiß, daß [...] die Körper nicht eigentlich durch die Sinne, oder durch die Einbildungskraft, sondern einzig und allein durch den Verstand erkannt werden, nicht dadurch, daß man sie betastet oder sieht, sondern daß man sie denkt.[68]

An seinem berühmten Beispiel vom Bienenwachs zeigt Descartes, dass die bloß sinnliche Wahrnehmung von Dingen nicht zu deren Erkenntnis führt:

[...] nehmen wir [...] irgendeinen Körper [...], z.B. dieses Stück Wachs. [...] seine Farbe, Gestalt, Größe liegen offen zutage, es ist hart, auch kalt,

man kann es leicht anfassen, und schlägt man mit dem Knöchel darauf, so gibt es einen Ton von sich, kurz

– es besitzt alles, was erforderlich scheint, um irgendeinen Körper ganz deutlich erkennbar zu machen. Doch sieh! Während ich noch so rede, nähert man es

dem Feuer, – was an Geschmack da war, geht verloren, der Geruch entschwindet, die Farbe ändert sich,

es wird unförmig, wird größer, wird flüssig, wird warm, kaum mehr läßt es sich anfassen [...]. und doch es bleibt – das Wachs.[69]

Daraus zieht Descartes die rationalistische Schluss-folgerung:

Es bleibt mir also nichts übrig als zuzugeben, daß ich, was das Wachs ist, mir gar nicht bildlich ausmalen, sondern nur denkend begreifen kann.[70]

Ein modernes Beispiel dafür, wie uns die empirische Wahrnehmung mit unseren fünf Sinnen leicht täuschen kann, ist der Sonnenaufgang. Die Erkenntnis beziehungsweise der Satz „jeden Morgen geht die Sonne auf" ist zwar naheliegend, weil wir die Sonne jeden Morgen am Himmel aufsteigen sehen. Rationalistisch betrachtet ist er aber falsch. Rein von der Vernunft her müsste er lauten: Jeden Morgen dreht uns die Erdrotation zur Sonne hin – und abends wieder weg:

[...] und die Vernunft überzeugt mich [...].[71]

Entscheidend, so Descartes und die Rationalisten, wäre somit prinzipiell nicht die empirische Sinneswahrnehmung, sondern allein die „Ratio". Auch sei es unter Umständen fehlerhaft zu behaupten, jemand sei groß, nur weil er gerade alle anderen überragt. An einem anderen Ort, umgeben von anderen Leuten erscheint er womöglich klein. Entscheidend, so Descartes und die Rationalisten, wäre somit nicht die empirische Sinneswahrnehmung der Person, sondern der dahinterstehende Gedanke der Relation. Nur die Vernunft allein, also die „Ratio" kann als logisch vergleichende Instanz entscheiden, ob etwas groß oder klein ist. Und nur die Vernunft kann entscheiden, ob gerade die Sonne „aufgeht" oder die Erde uns zur Sonne hindreht.

Die Empiristen sehen es genau umgekehrt. Nicht das Denken, sondern die Erfahrung, also die Wahrnehmung der Welt mit unseren fünf Sinnen sei die sicherste Quelle der Wahrheit. Die Empiristen benannten sich nach dem lateinischen Wort „empiricus", also „der Erfahrung folgend". Alle Theorie sei grau. Man müsse stattdessen die Dinge mit eigenen Augen sehen und sich auf Experimente und das konkret Wahrnehmbare verlassen. Dem Empiristen Bacon wurde diese Methode zum Verhängnis. Um herauszufinden, wie lange man Hühnerfleisch durch Kälte haltbar machen könne, hielt er sich lange im Kühlhaus auf, aß aufgetautes Fleisch und starb an den Folgen. Doch das tat seinem Ruhm keinen Abbruch. In den Augen der Empiristen hat er vorbildlich gehandelt: Denn Naturgesetze und Naturerkenntnisse muss man primär aus der Sammlung von sinnlichen Erfahrungen und Daten gewinnen. Generell sei der menschliche Organismus einem leeren Gefäß vergleichbar, in das nach der Geburt immer mehr Bilder, Eindrücke und Erfahrungen hineinkommen. Das Kleinkind beispielsweise hat anfangs keinerlei Angst vor dem Feuer. Nach der ersten Verbrennung wird es diese Erfahrung aber nicht mehr wiederholen wollen, denn es speichert sie im Verstand als schmerzhaft ab. „Nichts ist im Verstand, was nicht zuvor in den Sinnen gewesen ist", behauptet der englische Empirist John Locke. Die Empiristen leugnen also die Existenz des Verstandes nicht, aber sie sehen ihn nur als Speicherwerkzeug und nicht als Grundlage der Erkenntnis, die wesentlich auf empirischer Erfahrung beruht. Descartes hingegen zieht das reine Denken der Erfahrung vor. So wäre etwa das Dreieck nur eine reine Denkfigur, über die man allein mit der Vernunft logisch erkennbare und wahre Aussagen machen kann, ohne je in seinem Leben ein reales Dreieck empirisch gesehen oder angefasst zu haben:

Wenn ich mir z. B. ein Dreieck bildlich vorstelle, so mag vielleicht eine solche Figur nirgend in der Welt außer meinem Bewußtsein existieren, noch je existiert haben, dennoch hat sie fürwahr eine bestimmte [...] Wesenheit oder Form, [...] daß sich von diesem Dreieck mancherlei Eigenschaften

beweisen lassen, wie daß seine drei Winkel gleich zwei rechten sind, daß bei ihm dem größten Winkel die größte Seite gegenüber liegt und dergleichen [...].[72]

Empiriker wenden ein, dass Descartes bestimmt schon mal in seinem Leben – und sei es als Kind in der Schule oder zu einem späteren Zeitpunkt – ein gezeichnetes oder hölzernes Dreieck gesehen habe, ansonsten wäre er gar nicht in der Lage, sich diese Form überhaupt vorzustellen. Descartes entgegnet:

[...] es [ist] für die Sache ohne Belang, wenn [...] mir [...] durch Vermittlung der Sinnesorgane jene Idee des Dreiecks gekommen [...]. Kann ich doch unzählige andere Figuren mir ausdenken, über die kein Verdacht entstehen kann, sie seien jemals durch Vermittlung der Sinne in mich

hineingekommen, und trotzdem kann ich von ihnen genau wie vom Dreieck mancherlei Eigenschaften beweisen, die alle sicherlich wahr sind, da sie ja von mir klar erkannt werden [...].[73]

Wer hat am Ende Recht, die Rationalisten oder die Empiristen? Immanuel Kant beantwortet diese Frage mit einem „sowohl als auch". Wir brauchen beides, so Kant, zum einen die empirisch sinnliche Wahrnehmung und zum anderen die Fähigkeit unseres Verstandes, zu denken, zu kategorisieren und Urteile zu fällen. Jede Erkenntnis steht auf diesen zwei

Beinen. Wenn eines fehlt, kommt keine Erkenntnis zustande. Fehlt beispielsweise bei der Erkenntnis von Bienenwachs das ordnende Denken, dann bleibt unsere sinnliche Wahrnehmung vom mal festen mal flüssigen Zustand verwirrend, chaotisch und blind. Die Sinneseindrücke sind zwar da, können aber nicht weiterverarbeitet werden. Fehlen umgekehrt die empirische Erfahrung und die konkrete Anschauung des Wachses, dann bleiben wiederum unsere Gedanken über das Wachs inhaltlich leer: „Ohne Sinnlichkeit würde uns kein Gegenstand gegeben, und ohne Verstand keiner gedacht werden. Gedanken ohne Inhalt sind leer, Anschauungen ohne Begriffe sind blind.“[74]

Seit Kant muss jede wissenschaftliche Erkenntnis und überhaupt jede menschliche Erkenntnis auf der sinnlichen Anschauung einerseits, also auf beobachtbaren und messbaren Experimenten und andererseits auf der korrekten Anwendung des Denkapparates beruhen. Damit legt Kant ausgehend von Descartes und dessen empiristischen Kritikern das erkenntnistheoretische Fundament der gesamten modernen Wissenschaft. Und dennoch hat sich die Erkenntnistheorie noch einmal weiterentwickelt. Den vorläufigen Endpunkt und somit den aktuellsten Stand der Erkenntnistheorie verdanken wir dem österreichisch-englischen Philosophen Karl

Popper. In seinem Hauptwerk stellt er fest, dass auch eine gemäß Kants Erkenntnistheorie perfekt durchdachte und empirisch nachgewiesene Theorie nach einer gewissen Zeit hinfällig werden kann. Immer dann nämlich, wenn sich entweder die empirischen Fakten verändern oder ein besseres Erklärungsmodell gefunden wird, muss eine bis dahin als wahr geltende wissenschaftliche Theorie durch eine neue und bessere ersetzt werden. Die wissenschaftliche Aussage „alle Schwäne sind weiß" galt jahrhundertelang als wahr. Als dann in Patagonien erstmals schwarze Schwäne entdeckt wurden, musste diese Wahrheit fallen gelassen werden. Auch die lange Zeit als unbestreitbar geltende Newtonsche Physik musste ersetzt werden, als Einstein mit seiner Relativitätstheorie noch präzisere Vorhersagen über die Stellung und Position der Gestirne machen konnte.

So gesehen stellt die neuere Erkenntnistheorie Poppers der Forderung von Descartes nach klarer und zeitloser Gewissheit die ernüchternde Feststellung entgegen, dass es eine solche prinzipiell nicht geben kann, da jede Gewissheit immer nur vorläufigen Charakter hat. Jeder Wissenschaftler muss sich bewusst sein, dass seine Theorie nur solange als „wahr" gilt, bis ein noch besseres Erklärungsmodell gefunden ist. Konnte Descartes noch sagen:

[...] somit glaube ich [...] als allgemeine Regel aufstellen zu dürfen, daß alles das wahr ist, was ich ganz klar und deutlich einsehe.[75]

heißt es heute bei Popper: „[...] wir (haben) es [...] auch in der sichersten, besten Wissenschaft, durchwegs mit Vermutungswissen zu tun [...]. Nicht mit Wissen, sondern mit Vermutungswissen."[76] „Der wissenschaftliche Fortschritt besteht darin, [...] Irrtümer zu finden und durch etwas Besseres zu ersetzen: Durch eine bessere Hypothese."[77]

Erfolg und Kehrseite des cartesischen Dualismus: Der Körper als bloße Maschine

Wie viele Denker von Weltruhm hat Descartes mit seiner philosophischen Entdeckung weitreichende Prozesse in Gang gesetzt – segensreiche, aber auch verhängnisvolle. Sein Dualismus zwischen der „Res cogitans", dem denkenden Bewusstsein des Subjektes auf der einen Seite und der „Res extensa", den seelenlosen Objekten auf der anderen, ist ein Paradebeispiel für die Zweischneidigkeit einer philosophischen Entdeckung. Denn einerseits hat Descartes damit die Erkenntnistheorie, also die Grundlage moderner naturwissenschaftlicher Forschungsmethoden beflügelt, indem er die Frage nach gesicherter und technisch verwertbarer Erkenntnis gestellt hat; andererseits hat er damit den Menschen als denkendes Subjekt in das Zentrum der Welt gerückt und die ihn umgebende Welt zum unbeseelten Objekt der Forschung herabgewürdigt. Dabei gilt die Autonomie des Subjekts: Der Geist soll die Objekte der Natur erkennen und beherrschen. Mit Hilfe der mechanistischen Physik hofft Descartes die sich verändernde Leiblichkeit des Menschen, etwa seine Krankheiten und das Altern, wie bei einem Automaten exakt zu berechnen.

Diese Zweiteilung in „Res cogitans" und „Res extensa" bezieht sich also nicht nur auf das Verhältnis des Menschen zur unbelebten Welt, sondern auch auf das Verhältnis zu seinem eigenen Körper. Wir bestehen aus den zwei Bereichen Geist und Materie. Dieses Bild findet man bis heute im Sprachgebrauch, etwa in dem biblischen Satz: „Der Geist ist willig, aber das

Fleisch ist schwach" oder in der modernen Formulierung „Work your body". Auch Ärzte unterscheiden körperliche Beschwerden von den sogenannten Geisteskrankheiten, psychische und physische Symptome, die im ersteren Fall von Psychiatern, Psychoanalytikern und Psychotherapeuten behandelt werden, oder im zweiten Fall von Physiotherapeuten, Chirurgen und praktischen Ärzten.

Die positive Folge des cartesischen Dualismus war ein ungeheurer Aufbruch der Naturwissenschaften und der neue euphorische Anspruch, jenseits religiöser Pietät und aller kirchlichen Tabus, endlich die Mechanismen und Gesetze des Kosmos und des eigenen Körpers objektiv zu entschlüsseln und beherrschbar zu machen:

Dies ist nicht bloß für die Erfindung zahlloser Verfahrensweisen wünschenswert, die uns die Früchte und Behaglichkeiten der Erde ohne Mühe gewähren würden […], sondern auch für die Erhaltung der Gesundheit […].[78]

Wenn es gelingen würde, so Descartes, die Forschung in der Medizin endlich rational voranzutreiben, dann könnte unsere Lebenserwartung erheblich gesteigert werden:

> Man würde sich vor einer Unzahl Krankheiten des Körpers und der Seele schützen und vielleicht selbst die Schwäche des Alters überwinden können [...].[79]

Zeitgenossen von Descartes, die in dieser Weise forschten, waren Galilei, Newton und Hieronymus Fabricius. Galilei beispielsweise erfindet Maschinen zur Wasserhebung, das erste Thermometer und Fernrohr. Hieronymus Fabricius gewinnt durch bislang tabuisierte Leichensektionen detaillierte anatomische Erkenntnisse, etwa zur Einrenkung von Gliedmaßen. Davon kündet auch diese ihm zugeschriebene mechanistische Abbildung des Bewegungsapparates zur Anordnung der Gelenke und „Einrenkung der Knochen".

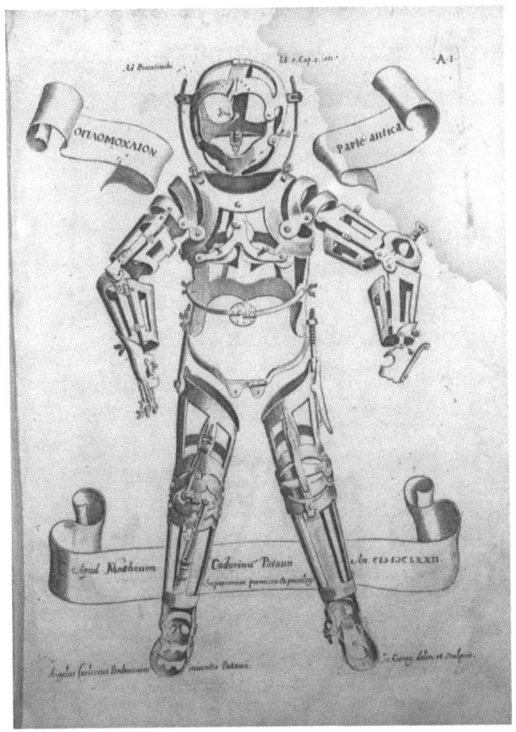

Wie Descartes es angeregt und vorhergesagt hat, kam es in den folgenden Jahrhunderten tatsächlich zu bahnbrechenden Fortschritten in der Medizin, vor allem nach der Entdeckung der Hygiene als Voraussetzung für Operationen aller Art. Descartes beflügelte mit der Trennung von Subjekt und Objekt, Geist und Körper zweifellos die wissenschaftliche Forschung.

Folgenreich war aber der cartesische Dualismus und sein mechanistisches Bild des Körpers auch für das

Verhältnis des Menschen zu den Tieren. So zählt Descartes die Tiere ausschließlich zur materiellen Welt der „Res extensa". Tiere hätten nämlich, so Descartes, im Unterschied zum Menschen kein „Cogito". Sie würden im Grunde ausschließlich wie geistlose Automaten funktionieren, also rein mechanisch. Sie sehen und hören nicht, sondern, so Descartes, in ihnen finden maschinelle Seh- und Hörbewegungen statt. Ihr innerer Aufbau sei völlig eindimensional. Bisweilen, so Descartes, gewinne man zwar den Eindruck, Tiere seien trickreich und selbstreflektiert, weil sie oftmals geschickter sind als wir. Das erweise sich aber bei genauerer Betrachtung als Täuschung. So fallen beispielsweise Katzen im Unterschied zu Menschen bei einem Sturz immer auf die Beine oder machen in Stresssituationen intuitiv das Richtige, während den Menschen ihre Nachdenklichkeit oft im Wege steht:

Merkwürdig ist [...], dass viele Tiere zwar in einzelnen Verrichtungen mehr Geschicklichkeit wie wir zeigen, [...] aber daraus folgt nicht, dass sie Verstand haben, [...] vielmehr erhellt daraus, dass sie keinen haben, und dass nur die Natur in ihnen [...] handelt.[80]

Es ist also nicht das „Cogito", sondern die Natur oder ein Naturmechanismus, der in den Tieren handelt. Dieser Naturmechanismus bewirkt automatisch, dass die Katzen in der Luft gewendet und auf allen vier Pfoten gelandet werden. Descartes vergleicht deshalb die bisweilen größere Geschicklichkeit der Tiere mit einer gut aufgezogenen Uhr:

So kann ja auch eine Uhr mit bloßen Rädern und Federn viel genauer als wir mit all unserer Klugheit die Stunden zählen und die Zeit messen.[81]

Letztlich müsse man sich die Tiere, so Descartes, als gut funktionierende Uhrwerke und Automaten vorstellen. Dieser Gedanke führt zusammen mit der Technikeuphorie Anfang des 18. Jahrhunderts zu der bizarren Mode, Tiere als Automaten nachzubauen.

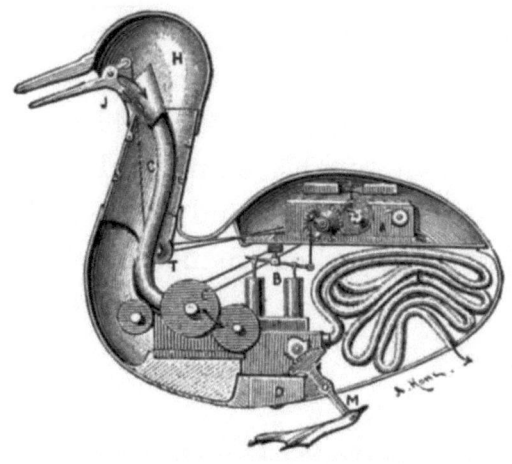

1737 gelingt es dem Franzosen Vaucanson, aus über vierhundert beweglichen Einzelteilen eine mechanische Ente zu konstruieren. Einmal aufgezogen, kann sie tatsächlich mit den Flügeln schlagen, über einen Blasebalg Schnattergeräusche machen, Wasser und Körner einsaugen, diese scheinbar über einen Gummidarm verdauen und als Kot wieder ausscheiden. Zwar wird Jahre später entdeckt, dass Vaucanson mit dem Einbau eines Auffangbehälters für die eingesaugten Körner und einem zweiten mit Schleim gefüllten Kotausgabefach den Verdauungsvorgang nur vorgetäuscht hat, doch das konnte seinem Ruhm, als Erster ein Tier perfekt nachgebaut zu haben, keinen Abbruch tun.

Das Verhängnisvolle an Descartes' Gedanken, dass Tiere als unbeseelte Automaten zur „Res extensa" gehören, ist aber nicht der ein oder andere skurrile Nachbau einer Ente, sondern der daraus folgende ethische – oder besser gesagt – unethische Umgang mit den Tieren als „Sache". Denn, so Descartes, Automaten denken nicht, sie sind bloße Materie. Das Fehlen von Entscheidungsfreiheit und reflexivem Denken könne man schon daran erkennen, dass Tiere nicht sprechen:

> Dies zeigt nicht bloß einen niederen Grad von Vernunft bei den Tieren an, sondern dass sie ihnen ganz abgeht.[82]

Mit seiner rigiden Zuordnung der Tiere zur unbeseelten „Res extensa" ist Descartes zweifellos ein Wegbereiter der verhängnisvollen Praxis, Tiere wie gefühllose Automaten zu behandeln. Tatsächlich wird der Umgang mit Tieren juristisch über Jahrhunderte hinweg dem Umgang mit Sachen gleichgestellt. Erst im Jahr 1990 widerspricht in Deutschland das Bürgerliches Gesetzbuch (BGB) final dem cartesischen Dualismus und stellt fest: „Tiere sind keine Sachen.

Sie werden durch besondere Gesetze geschützt.[83] In der Rechtsprechung der Europäischen Union wird Descartes erst 2009 überwunden. Im Vertrag von Lissabon heißt es, dass künftig die „Mitgliedstaaten den Erfordernissen des Wohlergehens der Tiere als fühlenden Wesen in vollem Umfang Rechnung tragen."[84]

Der Dualismus von Geist und Materie ist also zweischneidig. Er beflügelt einerseits die „objektiv" wissenschaftlich rationale Erforschung der Natur, ihrer Mechanismen und Gesetze mit all den technischen Fortschritten in der Produktion und der Medizin, andererseits degradiert er sie zum bloßen Objekt der Unterwerfung – durch unsere berechnende Vernunft:

Denn mittelst ihrer kann man zu Kenntnissen gelangen, die für das Leben höchst nützlich sind, […] welche uns die Kraft und Wirkungen des Feuers, des Wassers, der Luft, der Gestirne, […] und aller Körper, die uns

umgeben, […] genau kennen lehrt […] und uns so zu dem Herrn und Meister der Natur machen können.[85]

Die Menschen, das ist Descartes' große Hoffnung, können sich mit ihren Kenntnissen zu „Herrn und Meister der Natur" aufschwingen. Natürlich muss man ihm zu Gute halten, dass er als Kind seiner Zeit genau wie Galilei, Kopernikus und andere von den aufkommenden Naturwissenschaften, ihren bahnbrechenden Erfindungen und Möglichkeiten begeistert war. Das Teleskop, der Kompass und die Buchdruckerpresse eröffneten ganz neue Perspektiven in Handel, Verkehr und in wissenschaftlichem Austausch. Es gibt schon zu dieser Zeit eine erste Technikeuphorie. Die heute dramatisch sichtbar werdenden Folgen der totalen Ausbeutung der Natur bis hin zur Klimaerwärmung waren damals noch in weiter Ferne. Dennoch kann oder muss man den cartesischen Dualismus zumindest als Ausgangspunkt jener aufklärerisch optimistischen, aber eben auch folgenreichen Ermächtigung des Subjekts gegenüber der Natur sehen.

Heutzutage wissen wir, dass die ungebremste Beherrschung der Natur mit den damit einhergehenden Phänomenen der CO_2 Emissionen, der großflächigen Rodung der Regenwälder, den Großmastbetrieben, Tiertransporten, Fungiziden, Pestiziden und dem Raubbau an fossilen Rohstoffen dringend überdacht werden muss. Es bedarf eines neuen, über Descartes hinausgehenden, Selbstverständnisses des Menschen als eines Mitspielers oder auch Hüters der Natur.[86]

Mit Descartes' Philosophie entsteht letztlich ein tiefer Riss in der Wahrnehmung der Wirklichkeit. Haben die gläubigen Menschen sich zuvor noch als Teil der göttlich durchwirkten Welt empfunden, sahen sich die Schamanen und Menschen der Vorzeit noch eingebunden in den ewigen Kreislauf der Natur, gibt es seit Descartes das menschliche Subjekt auf der einen Seite und die Natur auf der anderen.

Das Positive des cartesischen Dualismus und seines Kerngedankens des „Cogito, ergo sum", besteht in der emanzipatorischen Befreiung des Denkens von religiöser Bevormundung. Mit der Betonung der „Res cogitans" als letzter Gewissheit setzt Descartes anstelle der Spiritualität die Rationalität auf den Thron der Wissenschaft und erzwingt die Trennung von Glauben und Wissen, von Theologie und Philosophie, die zuvor noch unmöglich war. Der geschlossene Kosmos des Mittelalters wird gesprengt und ein für alle Mal in zwei Teile zerrissen. Descartes ahnt bereits die Folgen seiner Denkrevolution. Einem Freund schreibt er, dass seine Werke besser erst nach seinem Tod veröffentlicht werden sollen, um sein Leben nicht zu gefährden. Dieser entgegnet

97

ihm, dass dies ebenso gefährlich sei. Denn dann bleibe ja den interessierten Lesern, um schneller an seine Schriften zu kommen, gar nichts anderes übrig, als ihn baldmöglichst zu töten. Descartes antwortet:

[...] ich habe mich eines Lächelns nicht erwehren können, als ich die Stelle las, wo Sie sagen, ich nötige die Welt, mich zu töten, damit man meine Schriften früher zu Gesicht bekäme;[87]

Doch dieser verwegene Plan, ihn zu töten und seine Schriften zu stehlen, würde mit Sicherheit scheitern, denn er hätte, so Descartes, seine Schriften so gut versteckt, dass sie

ganz gewiß nicht vor mehr als hundert Jahren nach meinem Tode ans Tageslicht kommen werden.[88]

Ob dieser Briefwechsel am Ende Descartes doch zur Publikation ermutigt hat, wissen wir nicht. In jedem Fall hat er es gewagt und – wie erwartet – die Kritik der Kirche auf sich gezogen. Zwei Jahre nach dem Erscheinen der Meditationen wird in Paris von den Jesuiten, ohne ihn davon zu informieren, eine öffentliche Diskussion zu seinen Schriften abgehalten. Nach mehreren Verfahren und lokalen Verboten werden sie 1663 vom Heiligen Stuhl auf den Index verbotener Lehren gesetzt. 1691 untersagt der französische König die Verbreitung an allen französischen Schulen. Descartes erlebt dieses Verbot nicht mehr. Er stirbt 1650 in Schweden, wo er zwar als Privatlehrer von Königin Christine vor jeder Verfolgung sicher ist, allerdings an der großen Kälte und dem frühen Aufstehen leidet. Er ist zeitlebens, auch aus gesundheitlichen Gründen, ein Langschläfer, muss aber auf Befehl der wissbegierigen Regentin um fünf Uhr früh aufstehen und sie unterrichten. Fünf Monate nach seiner Ankunft am schwedischen Hof stirbt er im Alter von dreiundfünfzig Jahren.

Doch schon die Jahre zuvor wurde er in seinem Exil in Holland von theologischen Eiferern scharf angegriffen. Der protestantische Theologe Gisbert Voetius beschuldigt ihn des Atheismus. Zu Unrecht, denn Descartes war zwar Rationalist, aber dennoch alles andere als ungläubig. Sterblich, so ist er überzeugt, sind nur die äußeren ausgedehnten Körper der „Res extensa". Sie können zerfallen und vergehen. Ganz anders verhält es sich mit der geistigen Substanz, der „Res cogitans" – sie vergeht nie.

Ist die „Res cogitans" unsterblich?

In einem Brief aus dem Jahr 1642 schreibt Descartes an seinen Freund Constantin Huygens, dass das Denken als „Res cogitans" anders als unser Körper, der nur zur „Res extensa" gehöre von seiner Substanz her unsterblich sei. Die Menschen seien letztlich nicht nur geboren, um ihr Leben auf der Erde so gut als möglich zu bewältigen, zu arbeiten, zu essen, zu trinken, zu forschen, ein hohes Alter zu erreichen und möglichst viele freudige Erfahrungen zu machen. Descartes ist sich sicher, dass wir

[...] für sehr viele größere Vergnügen und Glückseligkeiten geboren sind, als die, die wir auf dieser Welt genießen [...].[89]

100

Diese größeren Freuden und dieses größere Glück, so Descartes, stellt sich für uns Menschen offenbar erst nach unserem Leben auf der Erde ein. Auch die Gestorbenen, davon ist Descartes überzeugt, werden wir eines Tages wiederfinden:

> [...] sodaß ich von denen, die sterben, nichts anderes meinen kann, als daß [...] wir sie irgendeines Tages sogar [...] wiederfinden werden; denn ich erkenne in uns ein intellektuelles Gedächtnis, das gewißlich vom Körper unabhängig ist.[90]

Descartes betont hier die Unsterblichkeit des Denkens. Die Wortwahl und Intensität des Briefes an seinen Freund zeigen, dass er von einem „intellektuellen Gedächtnis" überzeugt ist, das nach dem körperlichen Tod weiterleben wird. Was hat er damit gemeint? Wie muss man sich das Weiterleben des „intellektuellen Gedächtnisses" vorstellen? Descartes selbst führt dies nicht weiter aus, so dass wir nur spekulieren können. Glaubte er an das Weiterleben des persönlichen Genius eines jeden Individuums oder nur an das Weiterleben seiner Gedanken im kollektiven Gedächtnis der Gesellschaft?

Wie auch immer man diese Frage beantwortet, in jedem Fall bricht Descartes eine Lanze für die Zeitlosigkeit des Denkens. Die Toten, so Descartes, sterben nicht wirklich. Sie begegnen uns immer wieder. Ihre Gedanken und Taten graben sich tief in das Gedächtnis der Menschheit ein und wir heute Lebenden können ihnen, auch wenn sie schon lange tot sind, immer noch begegnen:

> Das Lesen der guten Bücher gleicht einer Unterhaltung mit ihren Verfassern, als den besten Männern vergangener Zeiten, und zwar einer auserlesenen Unterhaltung, in welcher sie uns nur ihre besten Gedanken offenbaren.[91]

Das Denken, also die „Res cogitans" der „besten Männer vergangener Zeiten" überlebt, wenngleich ihre Körper längst zu Staub verfallen sind. So erinnern wir uns bis heute noch an Platon, Buddha, Alexander den Großen, Konfuzius, Ghandi, Marx, Kant, Einstein und viele andere, die unser „intellektuelles Gedächtnis" geprägt haben.

Der Philosoph Hegel hat diese Idee von Descartes weiterentwickelt. Nach Hegel bleiben nicht nur die Schicksale, Taten und Gedanken der großen Geister im intellektuellen Gedächtnis der Menschheit aufgehoben, sondern das Wirken aller Menschen auf der Erde, der bedeutenden und der unbedeutenden. Denn der Zeitgeist, der die jeweilige Epoche prägt, ist nicht nur das Ergebnis weniger großer Persönlichkeiten, sondern die Summe aller Bemühungen der Menschen dieser Zeit. Jeder einzelne trägt an seiner Stelle mit seinem Denken und Handeln zum kollektiven Gedächtnis der Epoche bei. Die Menschen geben auf allen Ebenen ihr Wissen und ihre Erfahrungen an die jeweils nächste Generation weiter. So wird ihr Geist in der Welt aufbewahrt und aufgehoben, auch wenn sich in der nachfolgenden Epoche wieder ein neuer Zeitgeist entfaltet, der sich auf den Erfahrungen des vorausgegangenen aufbauend wieder weiterentwickelt. Hegel spricht deshalb anstelle von Descartes´ „intellektuellem Gedächtnis" vom „Weltgeist". Descartes bleibt aber das große Verdienst, dass er uns erstmals die gewaltige Kraft des

Denkens aufgezeigt hat, nicht irgendeines Denkens, sondern des rationalen Denkens. Hegel sagt deshalb zu Recht: „René Descartes ist in der Tat der wahrhafte Anfänger der modernen Philosophie, insofern sie das Denken zum Prinzip macht."[92]

„Ich zweifle, also bin ich" – warum der Satz so aktuell ist

Descartes fordert uns auf, nicht länger ungeprüft das zu glauben, was andere für die „Wahrheit" halten und was als Wahrheit in der Schule gelehrt wird. Vielmehr sollten wir, möglichst schon von früher Kindheit an, alles Erlernte und zu Erlernende bezweifeln und in Frage stellen. Nur wenn uns etwas, wie Descartes sagt, „klar und logisch" erscheint, dürfen wir es für wahr halten. Das ist im Grunde genommen eine zeitlose Aufforderung zum kritischen Denken:

Von […] Vorurteilen können wir uns […] nicht anders befreien, als indem wir es uns auferlegen, […]

an allem zu zweifeln, worin wir auch nur den geringsten Verdacht der Ungewissheit antreffen [...].[93]

Natürlich können wir in der Praxis nicht ständig alles und jedes bezweifeln, was uns begegnet. Wir müssen uns allein schon aufgrund der Informations- und Wissensfülle unserer komplexen Welt auf bestimmte Erkenntnisse der Forschung verlassen. Wenn wir beispielsweise in der Schule Darwins Evolutionstheorie lernen, wonach sich der Mensch über Jahrmillionen aus einfachsten organischen Zellverbänden entwickelt hat und zudem noch die genetische Verwandtschaft zu seinen tierischen Vorfahren nachweisbar ist, bleibt uns nicht viel anderes übrig, als dieses Wissen zunächst einmal als Gegeben hinzunehmen. Auch die uns tagtäglich medial erreichenden Informationen können wir aus Zeitmangel oder fehlendem Zugang zu den Quellen niemals alle überprüfen. Und doch sollten wir Descartes' Warnung stets im Hinterkopf behalten,

[...] niemals eine Sache für wahr anzunehmen, ohne sie als solche genau zu kennen;[94]

Gerade im Medienzeitalter besteht die Gefahr manipulierter Bilder, geschönter Statistiken und einseitiger Berichterstattung. Eines von vielen Beispielen, das zu trauriger Berühmtheit gekommen ist, ist der Vortrag des amerikanischen Außenministers Powell vor dem Weltsicherheitsrat der Vereinten Nationen am 5. Februar 2003: „Das Material, das ich ihnen heute vorlege, stammt aus unterschiedlichen Quellen [...]. Einige Quellen sind technischer Art, wie die abgehörten Telefongespräche und die Satellitenfotos. Andere Quellen sind Menschen, die ihr Leben riskiert haben, damit die Welt erfährt, was Saddam Hussein wirklich vorhat."[95] Der amerikanische Außenminister zeigte den Teilnehmern und der Weltpresse eine ganze Reihe von Beweisfotos und Dokumenten irakischer Chemie- und Atomwaffenfabriken, um den kurz darauf erfolgenden Angriffskrieg der USA zu rechtfertigen. Nach Kriegsende konnten aber im besetzten Irak keinerlei Massenvernichtungswaffen gefunden werden. Schließlich gestand Außenminister Powell, dass es sich um manipulierte Beweismittel handelte, die der Geheimdienst für die Weltöffentlichkeit „aufbereitet" habe. Dies, so gestand Powell weiter, sei ein „Schandfleck" seiner Karriere. Eine sofortige und genauere Prüfung des Materials hätte den Weltsicherheitsrat vor der Täuschung bewahren können. Powell entwarf zwar ein eindrucksvolles Gesamtbild der Bedrohung durch Saddam Hussein, doch keiner der dafür verwendeten einzelnen Belege hätte einer Prüfung standgehalten. Es wurde versäumt, wie Descartes uns methodisch nahelegt,

[…] jede zu untersuchende Frage in so viel einfachere, als möglich […] zur besseren Beantwortung […] aufzulösen.[96]

Descartes' Forderung, auch das, was man mit eigenen Augen sieht und hört, zu bezweifeln, ist aktueller denn je. Es ist eine Grundforderung der Philosophie. Gerade demokratische Gesellschaften und ihre Bürger müssen den Zweifel wachhalten und bereit sein, mit ihm in den Diskurs zu gehen. Für den Diskurs ist es dazu essentiell, Meinungen zu prüfen und auch die eigene Meinung nicht als unfehlbar zu betrachten. Wer andere überzeugen und erreichen will, dass sie ihren Standpunkt ändern, muss auch selbst dazu bereit sein:

Ich weiß, wie leicht man sich in eigenen Angelegenheiten täuscht, und wie verdächtig selbst die günstigen Urteile der Freunde uns sein müssen.[97]

Die Bereitschaft zu zweifeln ist für eine offene Gesellschaft absolut notwendig, wie uns auch Aldous Huxley in seinen dystopischen Romanen und politischen Schriften so ergreifend vor Augen führt: „Die Philosophie lehrt uns, an Dingen zu zweifeln, welche uns selbstverständlich zu sein scheinen. Die Propaganda hingegen lehrt uns, Dinge als selbstverständlich hinzunehmen, denen gegenüber [...] Zweifel zu empfinden, vernünftig wäre."[98]

Die von Descartes geforderte Bereitschaft, die Welt neugierig, staunend und kritisch zu betrachten sowie an allem und jedem zu zweifeln, das uns ungewiss erscheint, ist eine ständige Herausforderung und als philosophische Grundhaltung unabdinglich. Aufgrund der zunehmenden Unübersichtlichkeit der Welt erscheint es verführerisch, sich aus dem Zweifel zurückzuziehen und der Meinung der Regierenden, der Medien und der jeweiligen Mehrheit anzuschließen. Eine solche Anpassung bei gleichzeitigem Rückzug ins Private ist leider eine oft praktizierte Möglichkeit, den Anstrengungen des Zweifelns zu entgehen und den Diskurs zu vermeiden. Doch genau davor warnt uns Descartes eindringlich:

Zu leben, ohne zu philosophieren, das ist eigentlich so, als ob man seine Augen geschlossen hält und sie niemals zu öffnen versucht.[99]

Wer mit offenen Augen durchs Leben geht, hört nicht auf zu philosophieren. Er weiß:

Ich bin ein denkendes Wesen, das heißt, ein Wesen, das zweifelt [...].[100]

Zitatverzeichnis

1 Zitat, René Descartes, Abhandlung über die Methode, richtig zu denken und Wahrheit in den Wissenschaften zu suchen, übers. von Julius Heinrich von Kirchmann, in neuer Rechtschreibung, Henricus Verlag, Berlin 2021, S. 4, im Folgenden zitiert als „Abhandlung über die Methode"

2 Zitat, René Descartes, Meditationes de prima philosophia, Mediationen über die Grundlagen der Philosophie, hrsg. von Lüder Gäbe, übers. von Artur Buchenau, Felix Meiner Verlag, Hamburg 1977, S. 31, im Folgenden zitiert als „Meditationen"

3 Zitat, Descartes, Abhandlung über die Methode, S. 8

4 Zitat, Descartes, Meditationen, S. 43

5 Zitat, Descartes, Brief an Picot, in: René Descartes, Discours de la Méthode, Französisch - Deutsch, Im Anhang: Brief an Picot, Lettre de l'auteur - Brief des Autoren, Felix Meiner Verlag, Hamburg 2011, S. 161, im Folgenden zitiert als „Brief an Picot"

6 Zitat, Descartes, Meditationen, S. 31

7 Zitat, ebenda, S. 43

8 Zitat, ebenda, S. 41

9 Zitat, Descartes, Abhandlung über die Methode, S. 49

10 Zitat, René Descartes, Die Prinzipien der Philosophie, Principia Philosophiae, Lateinisch – Deutsch, übers. von Christian Wohlers, Felix Meiner Verlag, Hamburg 2005, S. 11, im Folgenden zitiert als „Prinzipien der Philosophie"

11 Zitat, Descartes, Abhandlung über die Methode, S. 22

12 Zitat, ebenda

13 Zitat, Descartes, Meditationen, S. 47

14 Descartes verzichtet 1633 auf die Veröffentlichung seines geplanten naturwissenschaftlichen Werkes Traité du Monde (Abhandlung über die Welt), als er von der Verurteilung Galileis erfährt. Einige Teile sind bis heute nicht auffindbar, so dass man vermutet, dass er sie selbst vernichtet hat. Sein zweites Buch Abhandlung über die Methode publiziert er 1637 noch anonym im holländischen Leiden.

15 Zitat, Descartes, Meditationen, S. 3

16 Zitat, ebenda

17 Zitat, ebenda, S. 127

18 Zitat, ebenda, S. 29

19 Zitat, Descartes, Abhandlung über die Methode, S. 40

20 Zitat, Descartes, Meditationen, S. 31 f.

21 Zitat, ebenda, S. 53

22 Zitat, ebenda, S. 71

23 Zitat, ebenda, S. 33

24 Zitat, ebenda

25 Zitat, ebenda

26 Zitat, ebenda

27 Zitat, ebenda, S. 35

28 Zitat, ebenda

29 Zitat, ebenda

30 Zitat, ebenda, S. 37

31 Zitat, ebenda, S. 35 f.

32 Zitat, ebenda, S. 43

33 Zitat, ebenda, S. 39

34 Zitat, ebenda, S. 37

35 Zitat, ebenda, S. 39

36 Zitat, ebenda, S. 39 f.

37 Zitat, ebenda, S. 41

38 Zitat, ebenda

39 Zitat, ebenda, S. 43

40 Zitat, ebenda

41 Zitat, ebenda, S. 45

42 Zitat, Abhandlung über die Methode, S. 22

43 Zitat, ebenda

44 Zitat, ebenda

45 Das Buch „Abhandlung über die Methode, richtig zu denken und Wahrheit in den Wissenschaften zu suchen" hat er 1637, also bereits vier Jahre vor den Meditationen unter dem französischen Originaltitel „Discours de la méthode" veröffentlicht. Darin findet sich schon sein Kerngedanke, dass der Mensch primär ein denkendes Wesen ist sowie sein berühmter Satz „Ich denke, also bin ich". Die 1641 unter seinem eigenen Namen veröffentlichten „Meditationen über die erste Philosophie" sind also von der Reihenfolge her ein späteres Werk. Es

ist im Grunde als nachträgliche phänomenologische Begründung und breitenwirksame Einführung in seinen Kerngedanken zu verstehen.

46 Zitat, Descartes, Abhandlung über die Methode, S. 14
47 Zitat, Descartes, Brief an Picot, S. 165
48 Zitat, Descartes, Meditationen, S. 73
49 Zitat, ebenda, S. 119
50 Zitat, Descartes, Prinzipien der Philosophie, S. 25
51 Zitat, ebenda
52 Zitat, ebenda, S. 25 f.
53 Zitat, ebenda, S. 27
54 Zitat, ebenda
55 Zitat, ebenda
56 Zitat, ebenda, S. 137
57 Zitat, Meditationen, S. 121
58 Zitat, ebenda, S. 47
59 Zitat, Prinzipien der Philosophie, S. 119
60 Zitat, Meditationen, S. 153 f.
61 Zitat, ebenda, S. 155
62 Zitat, Meditationen, S. 97
63 Zitat, ebenda, S. 141
64 Zitat, ebenda, S. 157
65 Zitat, Descartes, Brief an Mersenne vom 15. April 1630, in: Ausgewählte Schriften, Fischer Verlag, Frankfurt a. Main 2001, S. 146 f., im Folgenden zitiert als „Ausgewählte Schriften".
66 Zitat, Abhandlung über die Methode, S. 14
67 Zitat, ebenda, S. 9
68 Zitat, Meditationen, S. 59
69 Zitat, Meditationen, S. 53
70 Zitat, ebenda, S. 55
71 Zitat, ebenda, S. 71
72 Zitat, ebenda, S. 117
73 Zitat, ebenda
74 Zitat, Immanuel Kant, Die Kritik der reinen Vernunft, hrsg. von Wilhelm Weischedel, Werke in 12 Bänden, Band III, Suhrkamp, Frankfurt a. Main 1968, S. 98
75 Zitat, Meditationen, S. 63
76 Zitat, Karl R. Popper, in: Karl R. Popper, Konrad Lorenz, Die Zukunft ist offen, Piper Verlag, Taschenbuch, München/Zürich 1985, S. 50

77 Zitat, Karl R. Popper, in: „Ich weiß, daß ich nichts weiß – und kaum das", Karl Popper im Gespräch über Politik, Physik und Philosophie, Interview mit der Zeitung „Die Welt", Ullstein Verlag, Frankfurt a. Main 1990, S. 104

78 Zitat, Descartes, Abhandlung über die Methode, S. 40

79 Zitat, ebenda

80 Zitat, ebenda, S. 38

81 Zitat, ebenda

82 Zitat, ebenda, S.37

83 Zitat, Bürgerliches Gesetzbuch, Abschnitt 2, § 90a

84 Zitat, Vertrag von Lissabon, Vertrag über die Arbeitsweise der Europäischen Union (AEUV), Artikel 13

85 Zitat, Descartes, Abhandlung über die Methode, S. 40

86 Die hier formulierte Kritik an den Folgen des cartesischen Dualismus und der Abwertung der Tiere wird nicht von allen Descartes-Forschern in dieser Weise geteilt. So weist Dominik Perler in seinem Buch über Descartes darauf hin, dass die rigide Trennung des Denkens von der „Res extensa" vor allem methodische Gründe habe: „Der Ansatz beim denkenden Ich ist bloß ein methodisches Mittel zur Etablierung eines sicheren Wissensfundamentes. Ist dieses Fundament einmal gelegt, werden Mitmenschen und andere Lebewesen in der Natur durchaus berücksichtigt." Zitat, Dominik Perler, René Descartes, München 2006, S. 259

87 Zitat, Descartes, Ausgewählte Schriften, S. 157

88 Zitat ebenda

89 Zitat, Descartes, Brief an seinen Freund Constantin Huygens vom 10. Oktober 1642, in: René Descartes, Briefe 1629 – 1650, hrsg. von Max Bense, übers. von Fritz Baumgart, Staufen-Verlag, Köln 1949, S. 260

90 Zitat, ebenda

91 Zitat, Abhandlung über die Methode, S. 6

92 Zitat, Friedrich Hegel, Vorlesungen über die Geschichte der Philosophie, III, in: Friedrich Hegel, Werke in 20 Bänden, Bd. 20, Frankfurt a. Main 1986, Band 20, S. 123

93 Zitat, Descartes, Prinzipien der Philosophie, S. 11

94 Zitat, Descartes, Abhandlung über die Methode, S. 14

95 Zitat, Colin Powell, Rede vor dem Weltsicherheitsrat am 5. Februar 2003, in: Auf Lügen gebaut, 10 Jahre nach der Anklagerede von Colin

Powell gegen den Irak, Die Welt, Tageszeitung, Axel Springer Verlag, Hamburg 2013, Ausgabe vom 5. Februar 2013

96 Zitat, Descartes, Abhandlung über die Methode, S. 14
97 Zitat, ebenda, S. 5
98 Zitat, Aldous Huxley, Wiedersehen mit der schönen neuen Welt, Piper Verlag, München 2017, S. 46 f. Das Buch ‚Wiedersehen mit der schönen neuen Welt' erscheint 1957, drei Jahrzehnte nach seinem weltbekannten Roman ‚Schöne Neue Welt'. Huxley untersucht darin, inwieweit die im Roman fiktiv beschriebenen Elemente der Manipulation in der Gesellschaft inzwischen verwirklicht werden.
99 Zitat, Descartes, Brief an Picot, S. 143
100 Zitat, Descartes, Meditationen, S. 61

In dieser Reihe erschienen:

Walther Ziegler
Adorno in 60 Minuten
1. Auflage: Oktober 2017
96 Seiten, Paperback, € 9,99
ISBN 9783-7-4486-463-3

Walther Ziegler
Arendt in 60 Minuten
1. Auflage: August 2018
120 Seiten, Paperback, € 9,99
ISBN 9783-7-5288-843-0

Walther Ziegler
Camus in 60 Minuten
1. Auflage: April 2015
84 Seiten, Paperback, € 9,99
ISBN 978-3-7347-8170-4

Walther Ziegler
Foucault in 60 Minuten
1. Auflage: November 2019
136 Seiten, Paperback, € 9,99
ISBN 978-3-7504-1262-0

Walther Ziegler
Freud in 60 Minuten
1. Auflage: April 2015
96 Seiten, Paperback, € 9,99
ISBN 978-3-7347-8024-0

Walther Ziegler
Habermas in 60 Minuten
1. Auflage: März 2017
128 Seiten, Paperback, € 9,99
ISBN 978-3-7431-8732-0

Walther Ziegler
Hegel in 60 Minuten
1. Auflage: April 2015
128 Seiten, Paperback, € 9,99
ISBN 978-3-7347-8128-5

Walther Ziegler
Heidegger in 60 Minuten
1. Auflage: April 2015
108 Seiten, Paperback, € 9,99
ISBN 978-3-7347-8169-8

Walther Ziegler
Hobbes in 60 Minuten
1. Auflage: Januar 2019
84 Seiten, Paperback, € 9,99
ISBN 978-3-7481-0127-7

Walther Ziegler
Kafka in 60 Minuten
1. Auflage: April 2021
144 Seiten, Paperback, € 9,99
ISBN 9-783-7526-3979-7

Walther Ziegler
Kant in 60 Minuten
1. Auflage: April 2015
144 Seiten, Paperback, € 9,99
ISBN 978-3-7347-8172-8

Walther Ziegler
Konfuzius in 60 Minuten
1. Auflage: Dezember 2020
132 Seiten, Paperback, € 9,99
ISBN 9-783-7526-6975-6

Walther Ziegler
Marx in 60 Minuten
1. Auflage: April 2015
112 Seiten, Paperback, € 9,99
ISBN 978-3-7347-8154-4

Walther Ziegler
Nietzsche in 60 Minuten
1. Auflage: Oktober 2017
152 Seiten, Paperback, € 9,99
ISBN 978-3-7448-6482-4

Walther Ziegler
Platon in 60 Minuten
1. Auflage: April 2015
112 Seiten, Paperback, € 9,99
ISBN 978-3-7347-8158-2

Walther Ziegler
Popper in 60 Minuten
1. Auflage: November 2019
121 Seiten, Paperback, € 9,99
ISBN 978-3-7504-1241-5

Walther Ziegler
Rawls in 60 Minuten
1. Auflage: Januar 2019
104 Seiten, Paperback, € 9,99
ISBN 978-3-7528-4912-7

Walther Ziegler
Rousseau in 60 Minuten
1. Auflage: April 2015
112 Seiten, Paperback, € 9,99
ISBN 978-3-7347-2555-5

Walther Ziegler
Sartre in 60 Minuten
1. Auflage: April 2015
116 Seiten, Paperback, € 9,99
ISBN 978-3-7347-8156-8

Walther Ziegler
Schopenhauer in 60 Minuten
1. Auflage: Januar 2018
139 Seiten, Paperback, € 9,99
ISBN 978-3-7448-6463-3

Walther Ziegler
Smith in 60 Minuten
1. Auflage: April 2015
100 Seiten, Paperback, € 9,99
ISBN 978-3-7347-8157-5

Walther Ziegler
Wittgenstein in 60 Minuten
1. Auflage: April 2018
116 Seiten, Paperback, € 9,99
ISBN 978-3-7460-8226-4

Walther Ziegler
Buddha in 60 Minuten
1. Auflage: Juli 2021
148 Seiten, Paperback, € 9,99
ISBN 978-3-7543-1666-5

Walther Ziegler
Epikur in 60 Minuten
1. Auflage: Oktober 2021
108 Seiten, Paperback, € 9,99
ISBN 978-3-7543-5138-3

Der Autor:

Dr. Walther Ziegler hat Philosophie, Geschichte und Politik studiert. Als Auslandskorrespondent, Reporter und Nachrichtenchef des Fernsehsenders ProSieben produzierte er Filme auf allen Kontinenten. Seine Reportagen wurden mehrfach preisgekrönt. Von 2007 bis 2016 bildete er in München junge TV-Journalisten aus und leitete eine University of Applied Sciences für Film- und Fernsehstudiengänge. Er ist zugleich Autor zahlreicher philosophischer Bücher. Als langjährigem Journalisten gelingt es ihm, das komplexe Wissen der großen Philosophen spannend und verständlich darzustellen.